NFT

per Programmatori

Gian Angelo Geminiani

NFT per Programmatori

Corso sugli NFT per programmatori

Introduzione

Ci sono tanti libri che negli anni mi sono rimasti nel cassetto, ma questo sugli NFT ho voluto pubblicarlo.
Il motivo è che credo che questo sia un momento storico unico, oltre ad essere indubbiamente il nostro momento, "**il momento dei programmatori**".
E' la nostra volta, è quella volta in cui noi programmatori diventiamo un po' meno eterei, trasparenti ed impalpabili del solito.
Anche qui, in questa penisola Italica in cui notoriamente la tecnologia digitale non eccelle mai e si finisce sempre in coda alle statistiche.

Diciamoci la verità, non siamo certo in California e non abbiamo neppure il welfare riservato a quei team a cui inviano un massaggiatore durante le ore lavorative, tuttavia l'interesse per gli NFT è transnazionale ed assolutamente orientato alle tecnologie.
Per questo motivo, oggi, viviamo una congiuntura storica ed internazionale unica: quella in cui il **web si merita un upgrade di versione**.

Nei prossimi capitoli parleremo di Web2 e Web3, di NFT e blockchain, oltre che di progetti e piattaforme che potrebbero cambiare per sempre il mercato dell'arte e quello della finanza.
Solo 15 anni fa era impensabile immaginare cosa sarebbe diventato Facebook o dove sarebbe arrivata Amazon. Erano gli albori del Web2.0, quello dei social media e dei contenuti generati dagli utenti. Erano gli inizi della decentralizzazione, era l'epoca in cui le aziende iniziavano a cedere la conversazione sui propri marchi agli stessi clienti.
Gli influencer non esistevano, c'erano invece clienti appassionati che sapevano tutto o quasi dei marchi e ne discutevano animatamente nei forum e nei gruppi sulle prime piattaforme Social.

In soli 15 anni è cambiato tutto.
E questo cambiamento è anche merito dei programmatori, che bit dopo bit hanno costruito le basi per il metaverso, per la finanza decentralizzata e gli NFT, per la realtà aumentata e per le nuove frontiere dell'intelligenza artificiale.
15 anni fa pensare alla decentralizzazione era impossibile, oggi l'Unione Europea sta pensando ad un sistema decentralizzato come base comune per l'identità personale e gli scambi di valore.

Cambiano anche i Social. Mastodon [https://github.com/mastodon/mastodon], per esempio, è un Twitter decentralizzato completamente autonomo e gestito dagli utenti.
La logica della decentralizzazione ed il mondo dell'Open Source sta pervadendo il mondo.
Ovviamente non tutti capiscono quali siano le meccaniche e le dinamiche che lo regolano, ma le cose stanno cambiando.

Oggi nelle banche si parla di blockchain, ne discutono i notai, i finanzieri e gli avvocati. E lo fanno non per riempirsi la bocca di stereotipi e pregiudizi, ma per capire come poter rendere i flussi procedurali più snelli, sostenibili economicamente ed intrinsecamente sicuri.

E, per la prima volta nella storia, a questi tavoli sediamo anche noi tecnici, **i programmatori**.

Se hai scelto questo libro per il titolo, allora vuol dire che sei un programmatore o che lo vuoi diventare.

Fare il programmatore richiede tantissima passione e dedizione. Ogni sei mesi devi aggiornare i tuoi strumenti ed affinare le tecnologie di sviluppo buttandoti su nuovi pattern, nuove architetture, piattaforme o linguaggi. La decentralizzazione, la containerizzazione o la virtualizzazione possono cambiare radicalmente il modo di progettare e deployare una soluzione.

Ma devi sapere che quello del programmatore è anche il mestiere più creativo del mondo, è il mestiere che ti permette di creare dal nulla un prodotto utilizzabile simultaneamente da milioni di persone per risolvere i loro problemi.

Negli anni ho avuto modo di conoscere tantissimi talenti, alcuni sono stati miei allievi, altri miei dipendenti o collaboratori e con molti ho l'onore di condividere ancora oggi un rapporto di profonda stima ed amicizia.

Tra questi programmatori moltissimi contribuiscono all'Open Source, e questo incrementa ulteriormente la mia stima nei loro confronti.

Questi programmatori sono persone che ogni giorno contribuiscono a migliorare il mondo, riga di codice dopo riga di codice, progetto dopo progetto.

Se vuoi crescere come programmatore ti consiglio di leggere il codice scritto da altri.

Se non esistesse l'Open Source, il mondo dell'informatica sarebbe un posto molto diverso.

Tantissimi prodotti commerciali di oggi appoggiano le loro fondamenta sull'Open Source.

Rilasciare il proprio codice con licenza Open non vuol dire regalarlo, vuol dire mettersi in gioco, vuol dire contribuire alla crescita di un ecosistema, vuol dire impegnarsi per gli standard aperti e l'interoperabilità, **vuol dire migliorare il mondo**.

Benvenuto nel corso "NFT per Programmatori"

Benvenuto, se hai acquistato questo corso sei un programmatore (o un aspirante programmatore), ed hai intenzione di sviluppare una tua piattaforma, o sei curioso di capire meglio come funzionano le piattaforme esistenti per gli NFT.

E' possibile vendere un meme al miglior offerente?
Cosa sono gli asset digitali?
Cosa significa "possedere un pezzo di Internet"?
Cos'è il Web 3.0?
Come è possibile registrare la paternità di una propria opera?
Siamo alle soglie del tanto proclamato "Metaverse"?
Scopriamolo insieme!

Ma insieme scopriremo anche quali sono gli strumenti di sviluppo che ogni buon programmatore di blockchain deve conoscere, quali sono le risorse più utilizzate, cos'è un File System distribuito e quali blockchain possiamo utilizzare per "mintare" NFT.

Dimostreremo che lo sviluppo del mercato NFT è un business promettente.
Innanzitutto, la sua capitalizzazione di mercato sta crescendo in modo impressionante: da 141,56 milioni di dollari nel 2019 a 338,04 milioni di dollari nel 2020.

Un ottimo esempio di token non fungibile di successo è il tweet iniziale di Jack Dorsey, che ha venduto per circa tre milioni di dollari USA.
Solo nel 2020, questi token nei giochi e nell'arte valevano milioni di dollari.
Parlando degli esempi di maggior successo e costosi, NBA's Top Shots, un sistema di carte collezionabili (TCS) vale oggi più di 230 milioni di dollari.
Un altro buon esempio è Kings of Leon. Questi ragazzi sono riusciti a vendere le loro tracce per due milioni di dollari nel 2021.
Un'altra bomba è CryptoPunk #6965 venduta per 1,54 milioni di dollari nel 2021.

Solo a febbraio 2021, le vendite mensili di OpenSea hanno raggiunto oltre 95 milioni di dollari.
Mentre la domanda e i prezzi di alcuni beni diminuiscono, per altri aumentano.
È successo rispettivamente con gli NFT per i giochi e le arti.

Enormi marchi come Taco Bell hanno sviluppato token non fungibili vendendo oggetti digitali.

Queste statistiche dimostrano che lo sviluppo del mercato NFT ha senso. Mentre il settore si espande a vista d'occhio, altri marchi di fama mondiale si uniscono a questa tendenza.

Dall'industria dei giochi agli oggetti da collezione e alle risorse digitali, è possibile creare NFT con molti elementi.
Gli sviluppatori NFT possono creare un volume illimitato di token.
Le cose principali che caratterizzano gli NFT e attraggono i business runner sono:

- Token unificati
- Token unici
- Rarità
- Più potere alla proprietà
- Trasparenza
- Compatibilità

Aggiungi affidabilità, facilità di trasferimento e indivisibilità e avrai motivi sufficienti per buttarti nello sviluppo del mercato NFT.

Come utilizzare il corso al meglio.

Questo corso è stato studiato per programmatori di diverso livello di esperienza e conoscenze. Non si tratta di un manuale completo su uno specifico linguaggio o tecnologia, ma di una panoramica su varie tecnologie e su vari trend che stanno oggi cambiando in modo profondo internet da come lo conoscevamo negli anni 90. La blockchain ha aperto diverse nuove tematiche legate alla decentralizzazione ed allo sviluppo di App decentralizzate (o Dapp).

Puoi affrontare questo corso come fosse un libro o un manuale, oppure saltare da un capitolo all'altro per approfondire meglio solo le sezioni che sono di tuo interesse.
Il nostro consiglio è quello di leggere tutte le sezioni in sequenza almeno una prima volta e poi tornare sui punti che vuoi approfondire o su cui vuoi fare pratica.
Non dimenticare di iscriverti alla nostra "Newsletter" per ricevere gli aggiornamenti sulle ultime novità e sugli strumenti che stanno rivoluzionando il mercato.

In APPENDICE troverai approfondimenti e link utili per completare la tua formazione o approfondire tematiche curiose.

Nota sui LINK

I link riportati in questo documento sono espressi sempre in due modi:
- Come hyperlink di testo
- Come link esplicito racchiuso tra parentesi quadre

Esempio [https://bitcoin.org/bitcoin.pdf]

In questo modo se state utilizzando il documento in formato digitale potete cliccarci sopra direttamente, se invece state leggendo su carta stampata potrete trascrivere il link a mano.

L'autore

Questo è il paragrafo in cui ti invito a connetterci.
Sono **Gian Angelo Geminiani**, programmatore per vocazione ed oggi CTO su progetti di wearable, robotica, NLP (la mia passione) e blockchain.
Collaboro anche con Confindustria Romagna e sono uno dei loro Innovation Manager accreditati al MISE (Ministero dello Sviluppo Economico).
Su LinkedIn [https://www.linkedin.com/in/angelogeminiani/] trovi il mio profilo professionale ed alcune delle esperienze che negli anni mi hanno arricchito e formato.

Se hai un'idea di startup o senti bisogno di un consiglio di genere professionale, sappi che sono a tua disposizione.
Adoro Go, rimpiango Delphi ed ho scritto tantissimo codice in Java. Lato front-end mi piace giocare con React e Flutter, ma sono incuriosito anche da .NET MAUI.
L'elettronica embedded mi intriga.

Se invece sei un imprenditore, sappi che il mio mestiere è quello di fare in modo che la tua tecnologia funzioni alla perfezione in modo che tu possa concentrarti solo sul business anziché perdere tempo con costosi problemi tecnici.

Nell'ultimo periodo ho fondato **G&G Technologies S.r.l.**, una società che progetta e produce un kernel software (digi-sense) per dare un cuore alle macchine, cuore che presto animerà una nuova collezione di gioielli studiati per proteggere le donne dalle aggressioni ed un piccolo robot empatico da compagnia per persone sole, fragili ed anziani.

Infine, ecco alcuni dei miei repository:
- https://bitbucket.org/angelogeminiani/
- https://bitbucket.org/digi-sense/ (work in progress)
- https://github.com/angelogeminiani?tab=repositories

Web2 e Web3

Web2 si riferisce alla versione di Internet che la maggior parte di noi conosce attualmente. Una rete dominata da aziende che offrono servizi in cambio dei dati personali.

Il Web3, nel contesto di Ethereum o della blockchain in genere, si riferisce alle app decentralizzate che vengono eseguite sulla blockchain.
Queste app consentono a chiunque di partecipare senza monetizzare i propri dati personali.

VANTAGGI DEL WEB3

Molti sviluppatori del Web3 hanno deciso di sviluppare **dapp** per via delle decentralizzazione intrinseca di Ethereum e della blockchain:

- Chiunque sia in rete ha il permesso di utilizzare il servizio. In altre parole, non serve chiedere un permesso.
- Nessuno può bloccare un utente o impedirgli l'accesso al servizio.
- I pagamenti sono incorporati tramite il token nativo.
- Piattaforme come Ethereum sono Turing complete, significa che puoi programmare praticamente qualsiasi cosa.

CONFRONTI PRATICI

Web2	Web3
Twitter può censurare qualsiasi account o tweet	I tweet Web3 sarebbero incensurabili perché il controllo è decentralizzato
Il servizio di pagamento potrebbe decidere di non consentire determinati tipi di lavoro	Le app di pagamento Web3 non richiedono dati personali e non possono impedire pagamenti

I server delle app della gig-economy potrebbero non essere disponibili temporaneamente e influenzare il reddito dei lavoratori	Su Web3 non si può verificare una situazione di non disponibilità dei server: usano Ethereum, una rete decentralizzata con migliaia di computer che agiscono da backend

Questo non significa che tutti i servizi debbano essere trasformati in dapp. Questi esempi mostrano le maggiori differenze tra i servizi web2 e web3.

LIMITAZIONI DEL WEB3

Al momento, il Web3 ha alcune limitazioni:

- **Scalabilità** - Le transazioni sono più lente sul web3 perché sono decentralizzate. Cambiamenti dello stato, come i pagamenti, devono essere elaborati da un miner e propagati a tutta la rete.
- **UX** - L'interazione con applicazioni web3 può richiedere passaggi, software e formazione aggiuntivi. Questo può essere un ostacolo all'adozione.
- **Costo** - Per via del costo elevato, le dapp di maggior successo mettono porzioni piccole del loro codice sulla blockchain.

CENTRALIZZAZIONE E DECENTRALIZZAZIONE

Nella tabella seguente elenchiamo alcuni dei vantaggi e degli svantaggi delle reti centralizzate e decentralizzate.

Sistema centralizzato	**Sistema decentralizzato**
Diametro ridotto della rete (tutti i partecipanti sono collegati a un'autorità centrale); le informazioni si propagano velocemente, perché la distribuzione è gestita da un'autorità centrale con molte risorse di calcolo.	I partecipanti più lontani della rete possono potenzialmente essere molto distanti tra di loro. La trasmissione di informazioni da un lato all'altro della rete potrebbe richiedere molto tempo.

Solitamente ha performance più elevate (maggiori volumi, meno risorse di calcolo totali utilizzate) ed è più semplice da implementare.

Solitamente performance minori (volumi minori, più risorse di calcolo utilizzate) e più difficile da implementare.

In caso di conflitto di dati, la risoluzione è facile e chiara: la fonte di verità è l'autorità centrale.

Un protocollo (spesso complesso) è necessario per la risoluzione di dispute, se i peer fanno affermazioni contrastanti riguardo i dati che dovrebbero essere sincronizzati tra i partecipanti.

Punto di errore unico: attori malevoli potrebbero essere in grado di interrompere il funzionamento della rete puntando all'autorità centrale.

Non c'è un punto di errore unico: la rete può continuare a funzionare anche se una gran parte dei partecipanti vengono attaccati o resi non disponibili.

Il coordinamento tra i partecipanti alla rete è più semplice ed è gestito da un'autorità centrale. L'autorità centrale può obbligare i partecipanti alla rete ad adottare aggiornamenti, aggiornamenti del protocollo ecc. con pochi ostacoli.

Il coordinamento è spesso difficoltoso, perché non c'è un utente singolo che ha l'ultima parola a livello di decisioni della rete, upgrade del protocollo ecc. Nel caso peggiore, la rete è incline a dividersi quando ci sono disaccordi su cambiamenti di protocollo.

L'autorità centrale può censurare dati, escludendo potenzialmente parti della rete dall'interazione con il resto della rete.

La censura è molto più difficile perché le informazioni hanno molti modi per diffondersi attraverso la rete.

La partecipazione alla rete è controllata dall'autorità centrale.	Chiunque può partecipare alla rete, non ci sono "guardiani". Idealmente, il costo per la partecipazione è molto basso.

Tieni presente che questi sono schemi generali, che potrebbero non essere validi per ogni rete. Oltre a questo, in realtà il grado a cui una rete si può definire decentralizzata o centralizzata non è facile da definire; nessuna rete è totalmente centralizzata o decentralizzata.

Le basi di NFT

NFT significa "Non-Fungible Token", il che non vuol dire molto se non che non si tratta di criptovalute.

Innanzitutto, partiamo scomponendo il nome.
Prima di tuffarci nel "non-fungible", analizziamo cosa intendiamo per "token".
Per i nostri scopi, un token è una sorta di record in un sistema informativo chiamato blockchain.
Non entreremo in tutti i dettagli su come funzionano le blockchain qui.
Per capire cos'è un NFT, abbiamo solo bisogno di un po' di conoscenza di base.

Come nasce la Blockchain

La blockchain più famosa è quella che ha coniato il termine e si tratta di quella di Bitcoin.
Il whitepaper di Bitcoin [https://bitcoin.org/bitcoin.pdf] ha introdotto una "catena di blocchi" (chain of block) per tracciare e proteggere la storia del sistema nel tempo, ed il termine "blockchain" ha preso piede quando sono nate nuove reti basate sempre sull'idea iniziale di Bitcoin.
La rete Bitcoin ha un singolo token, chiamato "Bitcoin".

Ecco come il whitepaper di Bitcoin introduce il concetto di moneta elettronica decentralizzata:

*"Una versione puramente peer-to-peer del denaro elettronico consentirebbe online pagamenti da inviare direttamente da una parte all'altra senza passare per l'istituzione finanziaria.
Le firme digitali forniscono parte della soluzione, ma i benefici principali si perdono se è ancora necessaria una terza parte di fiducia per evitare doppie spese.
Proponiamo una soluzione al problema della doppia spesa utilizzando una rete peer-to-peer.*

La rete contrassegna le transazioni con l'hashing in una catena continua di "prova di lavoro" basata su hash, formando un record che non può essere modificato senza ripetere l'operazione..."

Come il denaro tradizionale, Bitcoin è **fungibile** (INTERCAMBIABILE), il che significa che puoi sostituire un Bitcoin con un altro Bitcoin senza modificare il valore di nessuno dei due.
In effetti, a livello tecnico, non esiste davvero una cosa come "un singolo Bitcoin" con una propria identità.
Mentre i contanti hanno un numero di serie per distinguere una banconota da un'altra, la rete Bitcoin non tiene traccia delle monete individualmente assegnando a ciascuna un identificatore.
Invece, il sistema si limita a tenere traccia della quantità in ogni conto, accreditando un conto e addebitandone un altro ad ogni transazione.
Questo registro di transazioni è chiamato *"Ledger"*.

La criptovaluta è stata resa famosa da Bitcoin, ma Bitcoin è progettato solo per negoziare e conservare la proprietà del Bitcoin stesso.
Con gli NFT molte piattaforme stanno utilizzando un successore di Bitcoin chiamato Ethereum che consente di eseguire codice arbitrario del computer sulla blockchain e di archiviare per sempre i risultati dell'esecuzione.

Nascita degli NFT (token non intercambiabili)

Bitcoin ha ispirato una serie di altre blockchain che hanno ripetuto la stessa idea di base e hanno introdotto nuove funzionalità.
Il più significativo per gli NFT è stato Ethereum, dove è stato sviluppato per la prima volta il concetto di NFT. Ethereum ha aggiunto il calcolo generico al modello di consenso blockchain introdotto da Bitcoin, posizionandosi come un "computer mondiale" che consente "denaro programmabile".

Ethereum ha un token nativo chiamato Ether, che viene utilizzato sia come riserva di valore sia per pagare il calcolo sotto forma di commissioni chiamate gas.
Come Bitcoin, Ether è fungibile. Tuttavia, il modello di calcolo degli "Smart Contract" consente agli sviluppatori di creare i propri token, che possono avere proprietà speciali in base alla logica del contratto.

La maggior parte dei primi Smart Contract definiva token fungibili simili a Ether, ma le persone hanno rapidamente iniziato a sperimentare l'utilizzo di **token per contenere dati**, rendendo ogni token unico e distinguibile dal resto.
Il risultato è **un token che non può essere facilmente scambiato con un altro token arbitrario** dello stesso tipo o un token **non fungibile**.

TIP	*"Gli NFT sono token che contengono dati arbitrari e non sono FUNGIBILI, ovvero che non possono essere INTERCAMBIATI con altri token arbitrari."*

Cosa rende un NFT "non-fungibile"

In precedenza abbiamo accennato ai numeri di serie come un modo per distinguere un biglietto da un dollaro da un altro. Anche se puoi distinguerle, due banconote da un dollaro sono ancora **fungibili perché hanno lo stesso valore della valuta**.
Un identificatore univoco da solo non è sufficiente per rendere non fungibile qualcosa.

Tuttavia, una **banconota da un dollaro scarabocchiata da Picasso** è unica in un modo che non ha nulla a che fare con i numeri di serie.
Usandolo come foglio da disegno, il nostro immaginario Picasso ha reso il dollaro meno fungibile. Anche se tecnicamente potresti riscattarlo per un dollaro di snack, il valore di cambio del conto è ora molto maggiore di un dollaro.

Allo stesso modo, consentendo a ciascun token di contenere una piccola quantità di dati arbitrari, gli NFT diventano un mezzo per l'espressione creativa, nonché un'unità di scambio e di valore.
Il valore di un NFT è quindi fortemente dipendente dai dati che contiene e rappresenta.
Lo stesso NFT può essere valutata in modo completamente diverso da persone diverse, in base a fattori come il **gusto estetico** o l'**identità del creatore**.

Certo, c'è una buona ragione per cui non conduciamo affari scambiando schizzi inestimabili di Picasso!
Senza fungibilità, un NFT non è un gran che come valuta.
Tuttavia, esistendo sulle stesse reti che abilitano la valuta digitale, gli NFT possono sfruttare la stessa infrastruttura di pagamento e conto per le proprie transazioni e beneficiare delle garanzie di sicurezza della blockchain.

TIP	*"Gli NFT sono come le banconote scarabocchiate da Picasso. Non ha senso usarle come denaro contante, ma possono essere negoziati e collezionati sulla piattaforma blockchain che gestisce anche i pagamenti"*

Cosa rende un NFT speciale.

Cosa rende un NFT diverso da un file GIF animato sul sito Web di qualcuno o da altri tipi di record digitali come un testo scritto in un qualunque database?

Le differenze dipendono da alcune proprietà fondamentali del design blockchain.
La funzione primaria di una rete blockchain è far sì che tutti i partecipanti concordino su un unico "stato del mondo" condiviso.
Per Bitcoin, lo stato condiviso è il saldo di ogni account, mentre **per Ethereum, quello stato condiviso sono gli input e gli output delle interazioni degli smart contract**.
Poiché i membri della rete sono sparsi in tutto il mondo, ci vuole tempo perché tutti convergano nello stesso stato e ci sono regole speciali per prevenire imbrogli o comportamenti dannosi.
Una volta che tutti hanno concordato lo stato, diventa parte della storia canonica della blockchain.

Man mano che vengono aggiunti nuovi blocchi alla catena, i blocchi precedenti diventano più difficili e più costosi da modificare. Ben presto, generalmente entro pochi blocchi, il costo per "cambiare la storia" diventa così alto che è effettivamente impossibile e le informazioni registrate nella blockchain possono essere considerate permanenti.

Al contrario, **il web tradizionale è notoriamente non permanente e dinamico**. Un server web può offrire contenuti diversi in base, ad esempio, all'ora del giorno o alla geolocalizzazione dell'indirizzo IP del visitatore. E come può testimoniare chiunque sia stato frustrato da un link obsoleto (errore 404), il contenuto scompare dal Web quasi con la stessa frequenza con cui ne vengono creati di nuovi.

Questa proprietà di permanenza e stabilità è fondamentale per la proposta di valore NFT.
Utilizzando una blockchain come supporto di archiviazione dati condiviso durevole, si può contare sul fatto che gli NFT durino finché la blockchain stessa rimane operativa, il che fa emergere un'altra interessante proprietà delle blockchain.
Premiando gli operatori dei nodi con criptovalute in cambio del mantenimento in vita della rete, una blockchain incentiva la propria sopravvivenza.
Finché ci saranno persone attratte dalla ricompensa economica, ci sarà qualcuno motivato a mantenere la rete online.
Ciò garantisce la sopravvivenza di tutti i dati storici, inclusi gli NFT.

TIP	*"Gli NFT sono speciali, a differenza di altri prodotti digitali, proprio grazie alla loro immodificabilità e alla persistenza della blockchain. Tutto ciò che è scritto in blockchain è immutabile e durerà fino alla fine della blockchain stessa."*

WARNING	*"Attenzione, la persistenza della blockchain non è sufficiente a garantire la conservazione nel tempo dell' NFT perché i contenuti (file fisici o byte) risiedono quasi sempre su piattaforme esterne come Cloud o file system distribuiti"*

Per cosa vengono usati gli NFT?

Tra i primi esperimenti NFT c'è CryptoPunks [https://www.larvalabs.com/cryptopunks], un set di 10.000 personaggi pixel art che possono essere raccolti e scambiati su Ethereum.
Sebbene chiunque possa visualizzare l'opera d'arte di un personaggio punk qualsiasi, ogni personaggio può avere un solo "proprietario" ufficiale sulla blockchain di Ethereum in un dato momento.
CryptoPunks si è rivelato un enorme successo, con punk rari passati di mano in mano per enormi somme di Ether del valore di milioni di dollari.

Gli oggetti da collezione digitali come CryptoPunk rimangono uno dei casi d'uso più popolari e convincenti per gli NFT e i successori di CryptoPunk hanno contribuito a definire i primi standard per l'interoperabilità e i metadati per NFT.

Negli anni dal debutto di CryptoPunk, gli NFT sono diventati un veicolo per tutti i tipi di progetti creativi. Gran parte dell'entusiasmo è venuto da artisti che cercano di interagire direttamente con i fan e trovare **nuovi modi per guadagnarsi da vivere con le loro creazioni**.
Ciò è stato supportato da un crescente ecosistema di piattaforme-mercato per NFT che colmano il divario tra il web che conosciamo e il criptico mondo delle criptovalute, e ha anche portato a milioni di dollari di pagamenti diretti agli artisti per le loro creazioni digitali.

Al di fuori dell'arte digitale e degli oggetti da collezione, gli NFT hanno trovato casi d'uso nei giochi, in cui possono rappresentare appezzamenti di terreno virtuale, avatar e skin per personaggi di gioco, oggetti di gioco e altro ancora.
Mettendo l' "inventario asset" di un giocatore su una blockchain condivisa, i giochi basati su NFT possono abilitare nuove meccaniche e consentire ai giocatori di utilizzare i propri oggetti personalizzati in differenti giochi e scambiarli o acquistarne di nuovi svincolandosi dal singolo marketplace del produttore o del singolo brand.

TIP	*"Gli NFT vengono utilizzati per registrare opere d'arte o asset digitali in genere. Per gli artisti sono diventati un modo alternativo per guadagnarsi da vivere con le loro creazioni. I videogiochi possono creare nuove meccaniche e nuovi spazi di scambio."*

Quale futuro per gli NFT?

Siamo ancora agli albori di una nuova tecnologia che sta cambiando il mondo in modo radicale. La blockchain è approdata nelle vite di tutti noi solo da qualche anno e gli NFT stanno ancora muovendo i primi passi.

Siamo ancora agli inizi degli NFT ed è molto probabile che vedremo una nuova serie di casi d'uso ed esperienze con gli NFT che sono al di fuori di qualsiasi cosa venga fatta oggi.
È difficile prevedere cosa porterà il futuro, ma se stai leggendo queste pagine hai più possibilità di molti altri di scoprire e contribuire al futuro degli NFT.
Come si suol dire, **il modo migliore per predire il futuro è costruirselo da soli!**

TIP	*"Non dimenticare di iscriverti alla nostra mailing list per non perdere un solo aggiornamento sul futuro degli NFT"*

L'importanza di "linkare" ai contenuti

Gli NFT fanno uso di token persistenti e scritti in blockchain.
Tuttavia i contenuti possono essere file pesanti o addirittura video e non sarebbe possibile scriverli direttamente in blockchain.

Ecco che nasce il problema del *Content Addressing* per gli NFT.

Content Addressing per NFT

Il Content Addressing è una tecnica per organizzare e localizzare i dati in un sistema informativo in cui la chiave utilizzata per individuare il contenuto è derivata dal contenuto stesso. In questa guida ai concetti, descriveremo come funziona l'indirizzamento dei contenuti e perché è importante per gli NFT.

Immagina un archivio di chiave-valore con un'interfaccia come quella qui sotto (esempio scritto in Typescript):

```typescript
type Key = string;
type Value = string;

interface KVStore {
  put(key: Key, value: Value): Promise<Void>;

  get(key: Key): Promise<Value>;
}
```

Questa interfaccia di base è piuttosto comune per gli archivi chiave-valore.
Usando **put**, possiamo associare qualsiasi valore a una chiave e, in seguito, quando ne abbiamo bisogno, possiamo cercare la chiave con **get** e, auspicabilmente, recuperare il nostro valore.

Quando inizi a utilizzare un'interfaccia come questa, una delle decisioni più importanti è cosa usare per le chiavi. Se stai costruendo un'applicazione in cui controlli i modelli di accesso, puoi utilizzare le chiavi che preferisci e tenerne traccia nel codice, o elaborare alcune regole per mappare quali chiavi dovrebbero essere utilizzate per quale tipo di dati .

Le cose si complicano quando molte parti non coordinate scrivono tutte contemporaneamente nell'archivio.
Con uno spazio chiave globale, o tutti devono concordare le stesse regole, oppure lo spazio deve essere suddiviso in molti "domini" o "spazi dei nomi".

Supponiamo di avere un grande archivio di chiave-valore condiviso da migliaia o addirittura milioni di persone, ognuna con il proprio dominio nello spazio delle chiavi. Questo risolve principalmente il problema della scrittura: tutti possono gestire le proprie chiavi senza bisogno di coordinarsi con tutti gli altri o dover rischiare sovrascritture.

Tuttavia, ora è meno chiaro dove cercare i dati quando vogliamo estrarli di nuovo.
Con ogni dominio che segue le proprie regole, è difficile sapere quale chiave utilizzare per recuperare le cose. Inoltre, senza coordinamento tra i diversi domini, potresti ritrovarti con lo stesso valore memorizzato più volte in domini diversi, senza un modo semplice per dire che molte chiavi puntano tutte allo stesso valore.

Se questo suona familiare, considera cosa succede quando risolvi un collegamento come www.domain.com/concepts/content-addressing.
Innanzitutto, il tuo sistema operativo interrogherà un archivio chiave-valore condiviso globale, suddiviso in molti domini: il Domain Name System (DNS).
Il DNS restituirà un indirizzo IP che la tua scheda di rete può utilizzare per inviare richieste HTTP sulla rete, dove le convenzioni di denominazione di questo sito trasformano la chiave /concepts/content-addressing in un payload di risposta.

Il web è fondamentalmente la definizione di "scala Internet", quindi chiaramente questo sistema funziona abbastanza bene. Allora, qual'è il problema?

Il vero problema è il tempo.

Entrambi i componenti di un indirizzo come www.domain.com/concepts/content-addressing sono mutevoli, nel senso che possono cambiare nel tempo.
Se ci dimentichiamo di pagare le bollette, il dominio può scadere ed essere acquistato dal miglior offerente.
Oppure, se decidiamo di giocare velocemente con la struttura del nostro sito e dimentichiamo di aggiungere reindirizzamenti, il percorso /concepts/content-addressing potrebbe restituire un errore 404 invece della pagina desiderata.

Nel contesto del web, dove tutto è mutevole e dinamico, è sempre stato così. Il web non ha mai promesso alcun tipo di permanenza, né nei contenuti né nella "metastruttura" dei collegamenti tra i contenuti. Di conseguenza, link rot [https://en.wikipedia-on-ipfs.org/wiki/Link_rot] è solo qualcosa con cui tutti abbiamo imparato a convivere.

Ma per un artefatto digitale che dovrebbe essere effettivamente permanente, come un NFT, il link rot dei collegamenti è una preoccupazione esistenziale.

Link rot colpisce gli NFT perché la maggior parte degli NFT sono in realtà solo collegamenti. L'archiviazione dei dati sulla maggior parte delle reti blockchain è molto, molto più costosa rispetto ai tradizionali sistemi di archiviazione online.
Ad esempio, nel maggio 2021 il costo per archiviare un megabyte di dati direttamente su Ethereum era di circa 21,5 Ether (ETH) in base ai prezzi del gas (apre una nuova finestra) e all'epoca ammontava a circa $ 56.000 USD.

Per rendere finanziariamente pratiche le NFT che rappresentano l'arte digitale, l'opera d'arte stessa deve essere archiviata "off-chain" dove i costi di archiviazione sono gestibili, limitando al minimo l'archiviazione "on-chain". Il modo più semplice per farlo è archiviare solo il collegamento ai dati fuori catena all'interno dell'NFT stesso. Tuttavia, la permanenza della blockchain si applica solo ai dati on-chain. Se memorizzi un NFT con un collegamento che in seguito muore, il valore dell'NFT viene compromesso anche se il record blockchain rimane invariato.

Abbiamo bisogno di link più robusti

Per collegare in modo sicuro da un NFT a risorse off-chain come immagini e metadati, abbiamo bisogno di collegamenti in grado di resistere all'assalto del tempo. Il collegamento ideale si risolverebbe sempre nello stesso contenuto a cui si fa originariamente riferimento nel record blockchain permanente e non sarebbe legato a un singolo proprietario del server o "dominio".

L'indirizzamento dei contenuti ci fornisce esattamente il tipo di collegamenti di cui abbiamo bisogno. Un sistema indirizzato ai contenuti funziona proprio come il nostro archivio di chiave-valore, con una differenza significativa: **non puoi più scegliere le chiavi**.
Le chiavi sono invece derivate direttamente dai valori che vengono archiviati utilizzando una funzione deterministica che genererà sempre la stessa chiave per lo stesso contenuto.

Ora la nostra interfaccia di prima si presenta così:

```
interface ContentStore {
  put(value: Value): Promise<Key>;
  get(key: Key): Promise<Value>;
}
```

Per collegarsi in modo sicuro da un NFT a risorse off-chain come immagini, invece di accettare una chiave e un valore, il nostro metodo put prende solo un valore e restituisce la chiave al chiamante.
In cambio dell'impossibilità di scegliere le proprie chiavi, si ottengono alcune valide proprietà.

Innanzitutto, non abbiamo più bisogno di coordinarci tra più writer nel nostro archivio suddividendo lo spazio chiave in domini.

Ora c'è un dominio universale: il dominio di tutti i valori possibili. Se più persone aggiungono lo stesso valore, non c'è collisione nello spazio chiave. Ognuno di loro ottiene la stessa chiave dal metodo put.

Questo cambiamento conferisce anche ai nostri valori **l'indipendenza dalla posizione**. Nel nostro archivio chiave-valore originale con più domini, dovevamo includere il dominio all'interno della chiave per evitare collisioni di nomi.
Per recuperare un valore, dovevi sapere a quale dominio apparteneva, nonché la posizione specifica all'interno della parte dello spazio chiave di quel dominio. Se memorizziamo una chiave basata sulla posizione sulla blockchain, la nostra capacità di recuperare i dati dipende dal dominio inserito nella nostra chiave. Anche se lo stesso contenuto è memorizzato in mille altri domini, la nostra ricerca fallirà se quello da cui dipendiamo scompare o cambia le sue convenzioni di denominazione.

Come usare il Content Addressing per gli NFT

Finora abbiamo parlato dell'indirizzamento dei contenuti in astratto.
Come possiamo invece sfruttare l'indirizzamento dei contenuti per creare NFT con collegamenti durevoli?

Il modo più semplice è usare **IPFS** [https://ipfs.io/], l'InterPlanetary File System.
Quando i tuoi dati sono archiviati su IPFS, gli utenti possono recuperarli da qualsiasi nodo IPFS che ne disponga di una copia, il che può rendere più efficienti i trasferimenti di dati e ridurre il carico su ogni singolo server.
Man mano che ogni utente recupera un dato, ne conserva una copia locale per aiutare altri utenti che potrebbero richiederlo in seguito.

TIP	*Per utilizzare IPFS con i tuoi NFT, prova nft.storage [https://nft.storage/].* *Semplifica il trasferimento dei dati su IPFS, oltre a fornire una persistenza a lungo termine supportata dalla rete di archiviazione decentralizzata Filecoin [https://filecoin.io/].* *Per favorire la crescita dell'ecosistema NFT e preservare i nuovi beni comuni digitali di artefatti culturali rappresentati dalle NFT, nft.storage fornisce spazio di archiviazione e larghezza di banda gratuiti per i dati NFT pubblici. Registrati per un account gratuito [https://nft.storage/login/] e provalo!*

La Persistenza dei Contenuti

In generale, la navigazione web odierna opera attraverso ciò che è noto come *location addressing* o indirizzamento della posizione.

L'indirizzamento della posizione recupera le informazioni online da posizioni specifiche sul Web, ovvero tramite gli URL.

Tuttavia, questo ha i suoi evidenti svantaggi.

L'indirizzamento della posizione è centralizzato, il che significa che chiunque controlli quella posizione controlla il contenuto. E qualsiasi cosa dietro un URL con indirizzo di posizione può essere modificata: la lingua di un articolo, i colori utilizzati in un'opera d'arte digitale o le proprietà di un'identità registrata.

La soluzione a questo problema inizia con il **Content Addressing**.

L'indirizzamento basato sul contenuto consente di accedere ai dati in base a un'impronta digitale univoca (spesso chiamata **hash**) di quel dato; indipendentemente da dove sono archiviati, se hai quell'impronta digitale univoca dei dati, dovresti essere in grado di recuperare il contenuto.

Ciò significa che se utilizzi il Content Addressing (l'archiviazione indirizzata ai contenuti), in particolare IPFS i tuoi contenuti non vengono più recuperati da singole posizioni sul Web. Invece, quando qualcuno richiede quel contenuto, viene recuperato da qualsiasi nodo partecipante sulla rete IPFS che ne ha una copia.

Parti di contenuto possono essere localizzate su molti nodi e il contenuto può essere recuperato interamente da un nodo o assemblato in bit e pezzi da più nodi.

L'indirizzamento dei contenuti, tuttavia, è solo una parte della soluzione.

Solo perché i dati possono essere recuperati tramite IPFS indipendentemente da dove sono archiviati, ciò non significa che i dati siano garantiti per sempre. Per avere una soluzione completa, la persistenza dei contenuti è fondamentale.

Contenuti affidabili e persistenti nel tempo

Una volta riorientato il recupero dei contenuti online intorno al Content Addressing, la domanda diventa: come possiamo garantire che i contenuti continuino a essere disponibili nel tempo?

In altre parole, come ci assicuriamo che il contenuto persista?

Senza contenuti archiviati in modo affidabile nel tempo, anche un Web indirizzato ai contenuti soffre di pericoli simili a quelli odierni; a meno che il contenuto persista, corriamo il rischio di un web frammentato, incompleto e amnesico.

Come con la maggior parte delle soluzioni nello spazio dati e informazioni, esistono opzioni centralizzate e decentralizzate per risolvere la persistenza dei contenuti.
L'opzione centralizzata sarebbe quella di utilizzare un servizio che promette di archiviare sempre il contenuto sui propri server.
L'archiviazione centralizzata, tuttavia, non raggiunge la vera persistenza, poiché è soggetta a un singolo punto di errore centralizzato.

L'altra opzione, la persistenza del contenuto decentralizzata, è l'unico modo per garantire che il contenuto rimanga disponibile nel tempo.
L'utilizzo di nodi interoperabili completamente separati per archiviare i dati supportati da solide garanzie crittografiche protegge le informazioni dall'indisponibilità a causa dell'azione (o dell'inazione!) di qualsiasi servizio centralizzato. Come si può fare?

Filecoin [https://filecoin.io/] sta aprendo la strada in questo spazio costruendo le basi per la persistenza dei contenuti, oltre a creare una serie di strumenti e servizi.

Filecoin per la persistenza dei dati

L'utilizzo di Filecoin con IPFS fornisce una soluzione completa combinando un livello di incentivazione per la persistenza dei contenuti (Filecoin) con la soluzione IPFS per l'indirizzamento dei contenuti.
IPFS garantisce che il contenuto **non possa cambiare** nel tempo senza un chiaro audit trail, risolvendo così il problema degli URL che non sono più raggiungibili. Tuttavia IPFS non riesce a garantire da solo che i file ospitati continuino ad esistere nel tempo.
Filecoin, fornendo un incentivo agli utenti, garantisce che l'indirizzamento basato sul contenuto fornito da IPFS rimanga resiliente nel tempo assicurandosi che il contenuto sia sempre disponibile per il recupero.

Filecoin raggiunge questo obiettivo attraverso una nuova crittografia, protocolli di consenso e incentivi teorici del gioco [https://filecoin.io/blog/posts/filecoin-features-verifiable-storage/] - in breve, un vero storage decentralizzato per i dati archiviati sulla rete Filecoin.
Al centro di tutto c'è l'approccio unico di Filecoin alla verifica dello storage.

Il sistema di verifica dell'archiviazione di Filecoin risolve un problema precedentemente intrattabile per l'archiviazione decentralizzata: **come possono i fornitori di archiviazione dimostrare che stanno realmente archiviando i dati che affermano di essere nel tempo e che gli stanno dedicando uno spazio fisico unico?**

Con i classici fornitori di storage centralizzato di cui abbiamo parlato prima, gli utenti ripongono la loro fiducia in aziende note che garantiscono l'integrità e la sicurezza dei loro sistemi.

Sulla rete Filecoin, chiunque nel mondo può offrire spazio di archiviazione. Per mantenere la fiducia su una rete decentralizzata come Filecoin, è necessario un modo per stabilire la fiducia nella rete stessa.

A tal fine, chiunque voglia offrire spazio di archiviazione verificato sulla rete decentralizzata di Filecoin deve dimostrare due cose: primo, che il giusto set di dati è archiviato in un determinato spazio di archiviazione e, secondo, che lo stesso set di dati è stato archiviato continuamente in un dato periodo di tempo.

Gli algoritmi di prova di Filecoin [https://filecoin.io/blog/posts/what-sets-us-apart-filecoin-s-proof-system/] si occupano di questa verifica. La **prova di replica** (Proof-of-Replication) dimostra che un determinato provider di storage sta archiviando una copia fisicamente univoca dei dati originali di un cliente, mentre la **prova di spazio temporale** (Proof-of-Spacetime) dimostra che i dati del cliente vengono archiviati continuamente nel tempo.

Oltre a questo sistema di prova, la rete Filecoin si basa anche su incentivi tipici della **Teoria dei Giochi** per scoraggiare attività dannose o negligenti.

Tutti i fornitori di storage Filecoin devono fornire garanzie sotto forma di token Filecoin (FIL) al momento dell'accettazione di diventare fornitori. Qualsiasi fornitore di storage che non supera i controlli Proof-of-Spacetime viene penalizzato, perde una parte della propria garanzia e alla fine non può offrire nuovamente lo storage ai clienti.

La rete Filecoin continua a crescere, fornendo capacità in rapido aumento per l'archiviazione basata sui contenuti e indirizzata ai contenuti. Puoi vedere le ultime metriche di archiviazione di alto livello, oltre a dati Filecoin aggiuntivi e un blockchain explorer, su Filfox [https://filfox.info/en]

Quando parliamo di "coniare un NFT" o "commerciare un NFT", ciò a cui spesso ci riferiamo non è il lavoro creativo in sé, ma piuttosto la registrazione del lavoro, in altre parole, **non il contenuto** (i colori, forme o suoni che compongono l'opera), **ma i metadati** (come testo descrittivo, informazioni sull'artista o un puntatore alla posizione del contenuto stesso).

Tuttavia, né quel contenuto né quei dati vivono automaticamente sulla blockchain.

Ciò espone molti NFT a problemi relativi alla disponibilità e alla persistenza se i loro contenuti e metadati non sono archiviati in modo affidabile.

L'utilizzo di IPFS per risolvere i problemi di indirizzamento degli NFT sta rapidamente diventando la norma e un ampio e crescente ecosistema di servizi di pinning [https://docs.ipfs.io/concepts/persistence/#pinning-services] aiuta a garantire la disponibilità dei dati IPFS.

L'archiviazione dei dati utilizzando un nodo IPFS personale è facile, ma può essere scomodo poiché devi gestire il tuo hardware. Questo problema ha dato origine a servizi di pinning, servizi a pagamento che ti consentono di caricare i tuoi dati su un nodo IPFS ospitato in remoto e recuperarli quando vuoi. Tuttavia, sebbene il pagamento di un servizio di archiviazione sia una soluzione conveniente, è comunque necessario che qualcuno sostenga i costi di archiviazione di tali dati.

Se dovessero mancare i fondi per quel pinning, il contenuto potrebbe andare completamente perso. Sebbene IPFS garantisca che qualsiasi contenuto sulla rete sia rilevabile, non garantisce che alcun contenuto sia costantemente disponibile. È qui che entra in gioco Filecoin (vedi sopra).

A tal proposito, specifico per lo spazio NFT, **nft.storage** [https://nft.storage/] è un servizio gratuito progettato per rendere la gestione dell'indirizzamento e della persistenza dei contenuti il più semplice possibile. Il servizio consente a chiunque di generare gratuitamente i metadati per il conio e l'archiviazione di NFT su Filecoin con solo poche righe di codice.

Gli sviluppatori si registrano per un account, generano una chiave di accesso API e possono utilizzare una semplice libreria client per generare metadati e archiviare in modo permanente i propri NFT.

Utilizzando la metodologia Filecoin + IPFS sopra descritta, gli NFT archiviati tramite nft.storage non sono solo disponibili attraverso la rete IPFS, ma sono anche protetti dalla scomparsa da parte di Filecoin che incentiva la sua rete globale di provider di archiviazione a continuare a archiviare quel contenuto e metadati NFT a lungo termine .

TIP	*IPFS: Risolve il problema degli URL, assicurandosi che siano sempre correlati al contenuto mediante "hashing".* *FILECOIN: Risolve il problema della persistenza con un sistema di archiviazione distribuito basato su incentivi.*

NFT Storage

nft.storage è un nuovissimo servizio, creato specificamente per l'archiviazione di dati NFT off-chain. I dati vengono archiviati in modo decentralizzato su IPFS e Filecoin e vengono referenziati utilizzando URI IPFS indirizzati al contenuto che possono essere utilizzati nel tuo Smart Contract senza temere che i dati a cui si fa riferimento cambino.

È possibile accedere ai dati NFT archiviati da nft.storage dalla rete IPFS decentralizzata da qualsiasi peer che ha il contenuto. I CID fanno riferimento a contenuti immutabili, quindi puoi essere sicuro che il contenuto a cui accedi sia il contenuto a cui si fa riferimento nell' NFT.

I dati possono essere recuperati direttamente nel browser utilizzando Brave, o tramite un gateway IPFS pubblico, oppure utilizzando IPFS Desktop o la riga di comando IPFS.

Se si recupera il contenuto utilizzando un gateway IPFS pubblico (ad esempio, utilizzando direttamente un URL HTTP o tramite Brave), notare che la disponibilità e la velocità di recupero del contenuto dipendono dal gateway. Nei casi in cui il gateway non è in grado di recuperare un determinato CID (ad esempio, restituisce un errore 429), è possibile provare un gateway diverso o eseguire e utilizzare invece il proprio nodo IPFS.

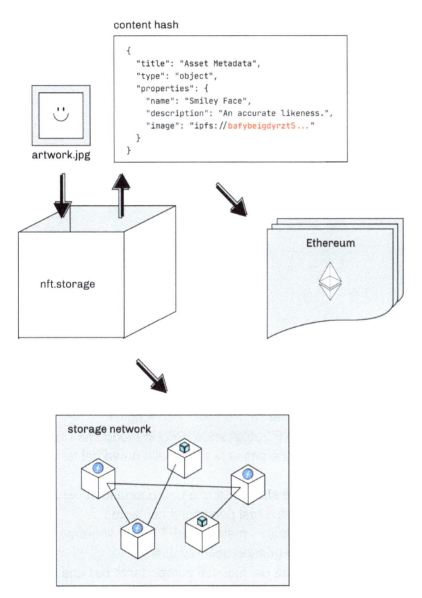

(immagine tratta dal sito ufficiale https://nft.storage/#about)

Per partire con NFT Storage è necessario eseguire tre passaggi:
1. Registrare un Account [https://nft.storage/login/]
2. Creare una access KEY per le API [https://nft.storage/manage/]

3. Scegliere il metodo preferito per accedere allo storage
   a. Libreria Javascript [https://npmjs.org/package/nft.storage]
   b. Accesso diretto tramite request HTTP

Per l'installazione della libreria Javascript fare riferimento alla pagina di installazione su Github:
https://nftstorage.github.io/nft.storage/client/

Pre l'accesso diretto occorre:
1. Impostare un header: "Authorization": "Bearer YOUR_API_KEY"
2. Effettuare un POST verso api.nft.storage/upload passando i dati del file nel body

es:
```
curl -X POST --data-binary @art.jpg -H 'Authorization: Bearer
YOUR_API_KEY' https://api.nft.storage/upload
```

Se tutto è andato bene la risposta sarà del tipo:

```
{
  "ok": true,
  "value": { "cid": "bafy..." }
}
```

APPROFONDIMENTO: Best Practice per l'archiviazione su IPFS

IPFS è un'ottima soluzione di indirizzamento dei dati per NFT o token non fungibili.
Questo paragrafo tratta di come archiviare i dati per NFT utilizzando IPFS in modo che i creatori e i proprietari di NFT abbiano garanzia di un utilizzo che possa resistere alla prova del tempo.

Poiché un NFT non può essere modificato dopo che è stato creato, è una buona idea pensare a come i dati per i tuoi NFT vengono archiviati, indirizzati e resi persistenti nel tempo.
Ecco perché entreremo nello specifico su come preparare i metadati NFT e esamineremo anche i diversi tipi di collegamenti ai contenuti IPFS e quando dovresti usarli.
Infine, vedremo perché fare un piano per la persistenza dei tuoi dati è importante per una buona esperienza utente.
Seguendo questi consigli, puoi contribuire a garantire un futuro lungo e sano per i tuoi dati NFT.

Tipologie di Link IPFS e quando usarli

Esistono diversi modi per fare riferimento ai dati su IPFS, ognuno dei quali è più adatto a diversi casi d'uso.

CID

I CID identificano in modo univoco un contenuto.

Un CID può essere archiviato e inviato sulla rete in una forma binaria compatta, ma sono rappresentati come stringhe di caratteri dall'aspetto casuale quando vengono visualizzati dagli utenti.

Ecco un esempio:

```
bafybeigdyrzt5sfp7udm7hu76uh7y26nf3efuylqabf3oclgtqy55fbzdi
```

Esistono due versioni di CID utilizzate da IPFS. L'esempio sopra è un CID versione 1 (o CIDv1) e presenta alcuni vantaggi rispetto al vecchio formato "versione 0", specialmente quando si visualizza contenuto IPFS sul Web utilizzando un gateway IPFS.

È meglio usare i CID della versione 1 per indirizzare i dati NFT, nella codifica base32.

Per abilitare CIDv1 quando si utilizza la riga di comando IPFS, aggiungere il flag `--cid-version=1` durante l'esecuzione del comando `ipfs add`:

```
ipfs add --cid-version=1 ~/no-time-to-explain.jpeg
added bafkreigg4a4z7o5m5pwzcfyphodsbbdp5sdiu5bwibdw5wvq5t24qswula
no-time-to-explain.jpeg
```

In JavaScript, puoi utilizzare le seguenti opzioni per il metodo ipfs.add:

```
const cid = await ipfs.add({ content }, {
  cidVersion: 1,
  hashAlg: 'sha2-256'
})
```

Se hai già un CID versione 0 per i tuoi contenuti, non è necessario aggiungerlo nuovamente a IPFS solo per ottenere il nuovo formato CID!

È possibile convertire un CID v0 in v1 utilizzando la riga di comando ipfs [https://docs.ipfs.io/how-to/address-ipfs-on-web/#http-gateways] o sul Web all'indirizzo cid.ipfs.io [https://cid.ipfs.io/].

Se non sei sicuro di quale versione hai, è facile notare la differenza.

I CID della versione 0 sono lunghi 46 caratteri, che iniziano con Qm.

Dopo aver aggiunto i tuoi dati a IPFS e avere un CID, puoi preparare i metadati del tuo token e "coniare" il token su una blockchain.

Per collegarsi ai tuoi contenuti da uno smart contract o all'interno dei metadati del tuo NFT, devi convertire il tuo CIDv1 in un **URI IPFS**, come descritto di seguito.

TIP	*Puoi saperne di più sui CID nella guida online sul Content Addressing [https://docs.ipfs.io/concepts/content-addressing/] o seguendo i tutorial interattivi su ProtoSchool [https://proto.school/content-addressing]*

URI IPFS

Un Uniform Resource Identifier, o URI, viene utilizzato per specificare un particolare contenuto in un determinato contesto. Il contesto è determinato dallo schema URI (aggiunto all'URI come prefisso, seguito da `://`). Lo schema URI per IPFS è semplicemente `ipfs`.

Ecco un esempio di URI IPFS completo:
```
ipfs://bafybeigdyrzt5sfp7udm7hu76uh7y26nf3efuylqabf3oclgtqy55fbzdi
```

Gli URI IPFS sono la rappresentazione canonica per un collegamento IPFS, poiché lo schema ipfs rende chiaro e inequivocabile che il CID si riferisce al contenuto su IPFS e non a qualche altro sistema.
Per produrre un URI IPFS, è sufficiente anteporre a una stringa CID la stringa statica
`ipfs://`.

Puoi anche includere nomi di file all'interno del componente del percorso di un URI IPFS. Ad esempio, se hai archiviato i metadati del tuo token su IPFS racchiusi in una directory, il tuo URI potrebbe essere:
```
ipfs://bafybeibnsoufr2renqzsh347nrx54wcubt5lgkeivez63xvivplfwhtpym/me
tadata.json
```

Ti consigliamo di utilizzare un URI IPFS per collegarti dal tuo Smart Contract a qualsiasi dato esterno archiviato utilizzando IPFS, inclusi eventuali metadati che descrivono e contestualizzano il token.

Gli URI IPFS sono anche il modo consigliato per collegarsi dai metadati di un token all'interno di immagini e altre risorse archiviate su IPFS.
Consulta i consigli sui metadati (**Metadata**) di seguito per maggiori dettagli.

HTTP Gateway URL

I gateway HTTP forniscono l'interoperabilità per gli agenti utente legacy che non possono risolvere gli URI IPFS in modo nativo.

Ecco un esempio:
```
https://dweb.link/ipfs/bafybeigdyrzt5sfp7udm7hu76uh7y26nf3efuylqabf3o
clgtqy55fbzdi
```

Gli "User agent"con supporto integrato per IPFS (tramite l'estensione del browser IPFS Companion o tramite supporto nativo, come fornito da Brave) saranno in grado di riconoscere i collegamenti del gateway e risolvere il contenuto utilizzando i protocolli IPFS nativi.
Altri "User Agent" seguiranno semplicemente il collegamento al gateway, che caricherà il contenuto su IPFS e lo servirà utilizzando HTTP.
Puoi trovare maggiori dettagli sui gateway HTTP in questo articolo sui gateway IPFS [https://docs.ipfs.io/concepts/ipfs-gateway/].

I collegamenti gateway sono ottimi per l'interoperabilità, ma non dovrebbero essere il collegamento principale o canonico ai dati su IPFS. Mentre un URI IPFS rimarrà accessibile finché qualcuno su IPFS dispone dei dati, **un collegamento al gateway può non riuscire se l'operatore del gateway non è in linea**.

Laddove vengono utilizzati i collegamenti del gateway, gli sviluppatori devono assicurarsi che il gateway segua le convenzioni URL corrette.
È accettabile una delle seguenti strutture URL:

```
https://<gateway-host>.tld/ipfs/<cid>/path/to/subresource
```

```
https://<cidv1b32>.ipfs.<gateway-host>.tld/path/to/subresource
```

Nelle applicazioni rivolte all'utente, gli sviluppatori dovrebbero collegarsi al contenuto IPFS tramite entrambi:
- Un URI IPFS
- Un URL del gateway HTTP

Ciò fornirà la migliore esperienza utente fino a quando più browser non supporteranno la risoluzione nativa dello schema URI IPFS.
Si noti che entrambi i tipi di collegamento gateway possono essere facilmente generati da un CID o URI IPFS secondo necessità

Metadata
La maggior parte degli NFT avrà bisogno di un qualche tipo di metadati strutturati per descrivere le proprietà essenziali del token.
È possibile utilizzare molte codifiche e formati di dati, ma lo standard di fatto consiste nell'archiviare i metadati come oggetto JSON, codificato in una stringa di byte UTF-8.

Ecco un esempio di alcuni metadati JSON per un NFT:

```
{
```

```
    "name": "No time to explain!",
    "description": "I said there was no time to explain, and I stand by that.",
    "image":
"ipfs://bafybeict2kq6gt4ikgulypt7h7nwj4hmfi2kevrqvnx2osibfulyy5x3hu/no-time-to
-explain.jpeg"
}
```

Esistono molti modi per strutturare i metadati per un NFT e molti dettagli dipendono dai casi d'uso specifici per la tua piattaforma NFT.
L'esempio sopra utilizza lo schema definito nello standard **ERC-721** (vedi APPENDICE relativamente gli standard Ethereum).

In generale, adottare o estendere uno standard esistente come gli schemi definiti in ERC-721 ed ERC-1155 è una buona idea, dal momento che i tuoi NFT saranno visualizzabili utilizzando wallet standard e altri strumenti come i Block Explorer.

Per collegare immagini, video e altri media, usa semplicemente un URI IPFS.
Questa prassi è meglio dell'archiviazione di un "HTTP Gateway URL", poiché non è legata ad un provider di gateway specifico.
Se desideri utilizzare gli URL del gateway per comodità o interoperabilità, puoi sempre generarli nel livello di presentazione dell'applicazione.

TIP	*Adotta sempre standard ERC-721 o ERC-1155 perché i tuoi NFT verranno visualizzati correttamente in tutti i wallet.*

L'utilizzo di URI IPFS all'interno dei metadati per il collegamento a immagini e altri media aiuta a preservare l'integrità dei dati NFT! I collegamenti IPFS non possono essere manomessi o alterati per puntare a dati diversi dopo che sono stati creati.

Poiché è necessario conoscere il CID di immagini e altri media a cui si desidera fare riferimento nei metadati, è più semplice creare i metadati dopo aver aggiunto le risorse multimediali a IPFS.

Anche se oggi non stai archiviando i tuoi dati con IPFS, la generazione di un URI IPFS per i tuoi file multimediali e l'inclusione nei tuoi metadati consentirà a chiunque di convalidare l'integrità dei dati una volta scaricati da un'altra fonte. Se tu (o chiunque altro) in seguito aggiungete i dati a IPFS, l'URI inizierà a funzionare!

Conservazione dei nomi dei file con le directory IPFS
Quando si aggiungono dati a IPFS, è possibile preservare nomi di file leggibili salvando i file in una directory.

In javascript, puoi impostare l'opzione `wrapWithDirectory` quando chiami `ipfs.add`:

```
const cid = await ipfs.add(
  { path: 'metadata.json', content: aJsonString },
  { wrapWithDirectory: true }
)
```

Quando si aggiungono file racchiusi in una directory, `ipfs.add` restituisce il CID dell'oggetto directory.
Per creare un URI IPFS completo al file, puoi aggiungere un carattere / dopo il CID, seguito dal nome del file. Ad esempio:
`ipfs://bafybeibnsoufr2renqzsh347nrx54wcubt5lgkeivez63xvivplfwhtpym/metadata.json`

Persistenza e disponibilità
Quando i tuoi dati sono archiviati su IPFS, gli utenti possono recuperarli da qualsiasi nodo IPFS che ne disponga di una copia, il che può rendere i trasferimenti di dati più efficienti e ridurre il carico su ogni singolo server.
Man mano che ogni utente recupera un dato, ne conserva una copia locale per aiutare altri utenti che potrebbero richiederlo in seguito. Tuttavia, è importante ricordare che queste copie sono temporanee e alla fine verranno eliminate a meno che l'utente non decida di "appuntare" i dati. Il blocco di un CID indica a IPFS che i dati sono importanti e non devono essere rimossi quando il nodo è vicino al limite di spazio su disco.

Se stai costruendo una piattaforma utilizzando IPFS per l'archiviazione, è importante appuntare i tuoi dati a nodi IPFS che sono robusti e altamente disponibili, il che significa che possono funzionare senza tempi di inattività significativi e con buone prestazioni.

Consulta la documentazione sull'infrastruttura server [https://docs.ipfs.io/install/server-infrastructure/] per scoprire come IPFS Cluster [https://cluster.ipfs.io/] può aiutarti a gestire il tuo cloud di nodi IPFS che si coordinano per bloccare i dati della tua piattaforma e fornirli ai tuoi utenti.

In alternativa, puoi delegare la responsabilità dell'infrastruttura a un servizio di blocco remoto. I servizi di pinning remoto come Pinata [https://www.pinata.cloud/] ed Eternum [https://www.eternum.io/] forniscono uno spazio di archiviazione ridondante e ad alta disponibilità per i tuoi dati IPFS, senza alcun vincolo del fornitore.
Poiché il contenuto basato su IPFS viene indirizzato da CID anziché dalla posizione, puoi passare da un servizio di pinning all'altro o migrare alla tua infrastruttura privata senza problemi man mano che la tua piattaforma cresce.

Puoi anche utilizzare un servizio di Protocol Labs [https://protocol.ai/] chiamato nft.storage [https://nft.storage/] per trasferire i tuoi dati in IPFS, con una persistenza a lungo termine supportata dalla rete di archiviazione decentralizzata Filecoin [https://filecoin.io/].

Per aiutare a favorire la crescita dell'ecosistema NFT, nft.storage fornisce spazio di archiviazione e larghezza di banda gratuiti per i dati NFT pubblici.

Per un'applicazione di esempio che si integra con un servizio di pinning remoto per l'archiviazione di dati NFT, consulta la guida al conio di NFT con IPFS [https://docs.ipfs.io/how-to/mint-nfts-with-ipfs/].

RIASSUMENDO
IPFS consente agli NFT di rappresentare dati di qualsiasi dimensione e formato in modo sicuro, verificabile e distribuito in grado di resistere alla prova del tempo.

Ecco un breve riepilogo dei nostri consigli:

- Utilizza gli URI IPFS come forma canonica di collegamento ai dati su IPFS, ad esempio:
  `ipfs://bafybeibnsoufr2renqzsh347nrx54wcubt5lgkeivez63xvivplfwht pym/metadata.json`
- Gli HTTP Gateway URL devono essere generati nel livello di presentazione dell'applicazione, per fornire una buona esperienza agli utenti con browser che non supportano IPFS in modo nativo. Se possibile, **fornisci sia gli URI IPFS che gli HTTP Gateway URL** nell'interfaccia utente dell'applicazione.
- All'interno dei metadati per il tuo NFT, usa gli URI IPFS per collegarti a immagini e altre risorse multimediali. Lo schema `ipfs://` chiarisce come ottenere i dati e il CID garantisce l'integrità dei dati.
- Si consiglia di **mettere i file nelle directory** quando si aggiungono a IPFS, poiché preserva i nomi dei file e rende più facilmente leggibili gli URI IPFS.
- La persistenza dei dati dovrebbe far parte del design della tua piattaforma. L'esecuzione della **tua infrastruttura IPFS** o l'utilizzo di un servizio di pinning remoto manterrà i tuoi dati online e accessibili.

Possibili evoluzioni dell'ecosistema IPFS/Filecoin

Nel tempo, emergeranno sempre più attori dell'ecosistema per incentivare la persistenza di dati vitali, adottando diversi ruoli economici all'interno dell'ecosistema IPFS / Filecoin e rendendo più diversificata, sostenibile e flessibile la relazione di base tra individui e fornitori di storage.

DataDAO

Un esempio all'orizzonte sono i **DataDAO** [https://filecoin.io/blog/posts/the-future-of-datadaos/], un tipo di organizzazione autonoma decentralizzata dedicata all'archiviazione, manutenzione, elaborazione ed eventualmente licenza di set di dataset massivi.
I DataDAO sono ben posizionati per modellare l'evoluzione dell'archiviazione e del pagamento dei dati su sistemi distribuiti; Assumendosi la responsabilità tecnica e finanziaria per l'archiviazione di grandi set di dati, possono monetizzare efficacemente i dati critici rimanendo fedeli a un impegno più ampio per la persistenza dei contenuti decentralizzati.

Altri invece, come Ocean Protocol [https://oceanprotocol.com/] e Filehive [https://filecoin.io/blog/posts/decentralized-data-markets-with-filehive/], non operano come DAO, ma svolgono un ruolo simile a quello degli attori dell'ecosistema che si affidano a Filecoin per mantenere i dati che stanno monetizzando e concedendo in licenza per gli altri.

Progettare un'app per il Minting

Con questo capitolo entriamo nel vivo dell'azione: **progettare la nostra piattaforma di minting**.

Nei paragrafi precedenti abbiamo visto come risolvere i problemi di Content Addressing e di storage persistenti per metadati e contenuti utilizzando nativamente IPFS e Filecoin, oppure appoggiandoci a servizi All-In-One come **nft.storage**.

Siamo pronti per rimboccarci le maniche ed iniziare a fare sul serio.

Per aiutarti a esplorare in modo più olistico lo spazio problematico del conio di NFT, elimineremo la meccanica di base del conio di un NFT per considerare invece l'architettura. Se stai pensando di creare la tua app di conio da zero, questa panoramica architettonica di alto livello è qui per aiutarti nel processo decisionale.

Una delle cose più importanti che puoi fare nella prima fase di progettazione di qualsiasi progetto di sviluppo è identificare i moduli principali del tuo design.

I moduli principali sono quelli su cui sarà in seguito impossibile cambiare decisione o fare modifiche.

Ciò è particolarmente vero per i progetti blockchain, in cui i dati immutabili di lunga durata sono la norma ed è spesso costoso o impossibile aggiornare i dati una volta pubblicati.

Nel nostro caso gli elementi su cui decidere sono:
- Quale piattaforma useremo
- Un eventuale backend

La piattaforma che useremo

Prima ancora di poter iniziare a creare la tua app per il "minting" (il conio), dovrai decidere su quale piattaforma blockchain implementare.

Questa è una decisione complessa con considerazioni tecniche, sociali e commerciali che devono essere tutte soppesate prima che il tuo progetto possa iniziare a diventare specifico.

Quando decidi su una piattaforma, ecco alcune domande chiave da porti:

- La piattaforma **è attiva e in crescita**? Questo non è solo un concorso di popolarità; una comunità di sviluppatori attiva e in crescita può essere fondamentale per aiutarti a risolvere gli ostacoli che incontri durante la creazione.
  Molto probabilmente, essendo le tecnologie nuove, avrete bisogno di risolvere problemi appoggiandovi ad una community.
- Credi nelle **prospettive a lungo termine della piattaforma**? Non ha molto senso dedicare tempo ed energie allo sviluppo di una piattaforma che non sarà rilevante nel

tempo.

- Con quale **facilità i nuovi utenti possono essere inseriti nella piattaforma**? Se una piattaforma è facile da costruire, ma l'esperienza dell'utente è tutt'altro che ideale, potresti causare più dolore di quanto potresti pensare inizialmente.
- **I limiti tecnici** della piattaforma possono supportare la tua idea, sia ora che a lungo termine? Ad esempio, molti degli esempi qui ed in genere online utilizzano Ethereum, ma i **limiti di transazione e le commissioni del gas** potrebbero essere un problema per il tuo caso d'uso.

Avremo necessità di un backend?

Una delle promesse convincenti delle reti blockchain è che possono fornire applicazioni completamente decentralizzate che non richiedono un punto centralizzato di coordinamento e controllo.

Oggi alcune applicazioni possono fornire supporto decentralizzato senza uso di server personali, in particolare nello spazio finanziario decentralizzato in cui tutte le informazioni necessarie per il funzionamento di un'applicazione possono esistere on-chain.

Gli NFT generalmente combinano i dati on-chain con risorse più grandi e metadati strutturati che vivono off-chain e la gestione di queste risorse di solito richiede un certo grado di coordinamento centrale.

Ad esempio, se la tua app conia NFT per conto di molti utenti, probabilmente vorrai funzionalità come un sistema di **account utente** e un qualche tipo di pagina del profilo che gli utenti possono personalizzare.

Potresti anche volere elementi interattivi come **commenti**, "Mi piace" e altri frammenti di stato che sono **facili da inserire in un database tradizionale ma difficili e costosi da inserire in una blockchain**.

Per la maggior parte delle app NFT un sistema di back-end ha senso di esistere.
Tuttavia ci possono essere considerazioni sulla sicurezza.
Ad esempio, quando si interagisce direttamente con la blockchain, spesso è meglio utilizzare un wallet da browser come MetaMask [https://metamask.io/], in modo che gli utenti possano firmare le proprie transazioni utilizzando chiavi private che non lasciano mai la propria macchina.

Nota sui test

Stai lontano dalla MAINNET.
E' meglio commettere errori quando e dove costano meno, il che significa stare lontano dalla

mainnet finché non sarai sicuro del tuo codice.

Fare esperienza e diventare confidenti in quello che si fa richiede dedizione ai test.

Probabilmente vorrai più ambienti di test ottimizzati per criteri diversi, come la velocità o la fedeltà alla mainnet.

Durante i test, prova a integrare le tue test-unit con integration-test e test end-to-end che possono testare le dipendenze tra la tua app, il back-end (se applicabile) e una simulazione realistica della tua piattaforma blockchain.

Idealmente, dovresti essere in grado di provare l'intero stack in un ambiente che ricorda da vicino l'eventuale rete di produzione.

Design Applicativo e Smart Contract

A prescindere dalla tecnologia che adotterete, potreste avere necessità di definire un comportamento personalizzato relativamente alla transazione.

Ethereum utilizza gli Smart Contracts, mentre Stellar si appoggia a dinamiche differenti definite nei Constraints.

Molti NFT non hanno bisogno di molto in termini di logica on-chain personalizzata, a parte la proprietà di base e i meccanismi di trasferimento forniti da standard come ERC-721 [https://eips.ethereum.org/EIPS/eip-721].

Scrittura di Logiche negli Smart Contract o in genere su Blockchain

In generale, la necessità di scrivere codice on-chain l'avrai nel momento in cui devi personalizzare un comportamento che modificherà lo stato della blockchain e come input di una elaborazione interna devi prendere informazioni dalla blockchain stessa (es: un saldo o uno stato preesistente).

Ad esempio, se stessimo scrivendo un clone di CryptoKitties, non sarebbe sicuro leggere la raccolta di gattini dell'utente in un'app JavaScript, decidere se hanno gattini idonei per "allevare" e quindi registrare una nuova transazione per creare il gattino "bambino".

Questo perché le blockchain sono fondamentalmente asincrone e non offrono alcuna garanzia di coerenza oltre a una singola transazione.

In questo esempio, nel momento in cui viene elaborata una transazione per creare il nuovo gattino, il suo proprietario potrebbe aver già venduto i "genitori".

Catturando i componenti di lettura e scrittura della modifica dello stato in un'unica funzione di contratto, puoi garantire che tutto venga eseguito in un'unica transazione e quindi rimanga coerente.

Lo svantaggio di questo metodo è che probabilmente dovrai anche memorizzare più informazioni di stato sulla blockchain, il che potrebbe diventare costoso su piattaforme generiche come Ethereum.

Per meccaniche complesse, potresti voler esplorare blockchain come Flow [https://www.onflow.org/], che è stato originariamente creato per supportare quel caso d'uso di CryptoKitties e da allora è stato il fondamento di molti progetti di successo, tra cui NBA Top Shot [https://nbatopshot.com/] e altri marketplace di alto profilo.

SU FLOW troverete un paragrafo di approfondimento in APPENDICE.

Gestione degli Aggiornamenti

Come ormai avrete capito, la blockchain è immutabile.

Questo comporta un serio problema a noi sviluppatori abituati a ricompilare e deployare un nuovo aggiornamento per correggere bug o migliorare le funzionalità.

Questo in blockchain non si può fare, o per lo meno non è così facile come per una web application.

Infatti le applicazioni web di maggior successo si evolvono nel tempo, ma gli smart contract sono immutabili per impostazione predefinita e difficili da modificare.

Prima di eseguire la distribuzione su mainnet, considera la possibilità di aggiornare i tuoi Smart Contracts utilizzando qualcosa di simile al plug-in OpenZeppelin Upgrades [https://docs.openzeppelin.com/upgrades-plugins/1.x/].

Ciò aggiungerà ai tuoi Smart Contracts su mainnet un livello di indiretto che consente di inviare aggiornamenti a un contratto distribuito senza richiedere a tutti gli utenti di connettersi a un nuovo indirizzo di contratto.

Sebbene ciò aggiunga una certa complessità e costi un po' più di gas, non avere la possibilità di aggiornare potrebbe rivelarsi molto più costoso nel tempo

Autenticazione Utenti

Ogni applicazione ha un sistema di autenticazione degli utenti.

Se stai creando un'applicazione per più utenti, avrai bisogno di un modo per tenerne traccia e consentire loro di accedere.

Fortunatamente, gli account blockchain possono aumentare o sostituire le credenziali utente tradizionali come nomi utente e password.

Ma fai attenzione, perché la tua applicazione potrebbe aprire un varco di sicurezza nell'account blockchain di un tuo cliente.

Autenticazione Wallet-based

Ovvero, autenticazione tramite wallet.

È possibile sostituire l'autenticazione basata su password con l'autenticazione basata su wallet. Funziona **registrando l'indirizzo pubblico di un utente nei sistemi di back-end della tua app**.

Quando un utente desidera accedere, il back-end fornisce un valore casuale (o nonce) da firmare e l'utente crea una firma con la propria chiave privata utilizzando un portafoglio come MetaMask [https://metamask.io/].

Il back-end convalida che la firma è stata creata dall'account corretto e quindi aggiorna il nonce per impedirne il riutilizzo. Per maggiori dettagli su questo processo, consulta questa guida della community all'autenticazione basata su wallet su Ethereum [https://www.toptal.com/ethereum/one-click-login-flows-a-metamask-tutorial].

Se non vuoi occuparti di scrivere tu stesso l'intero flusso di accesso, puoi anche utilizzare un servizio esterno che si integra con la tua blockchain.

Ad esempio, Magic [https://magic.link/] fornisce l'autenticazione senza password tramite e-mail e altri metodi, basati sullo standard aperto Decentralized Identity (DID) [https://magic.link/docs/introduction/decentralized-id].

La documentazione [https://magic.link/docs/home] di Magic mostra come integrarsi con più di una dozzina di reti blockchain.

Tuttavia tenete in considerazione che la semplicità si paga [https://magic.link/pricing].

Profilazione Accessi e Permessi

Non tutti gli account utente sono uguali e quando progetti la tua app avrai bisogno di un modo per limitare le azioni amministrative a un sottoinsieme di account.

Sulla blockchain, ciò può essere ottenuto utilizzando il controllo degli accessi basato sui ruoli, che consente di limitare determinate operazioni agli account che sono stati contrassegnati con un ruolo particolare.

Se stai utilizzando Ethereum o una rete compatibile con EVM, lo Smart Contract OpenZeppelin AccessControl [https://docs.openzeppelin.com/contracts/4.x/access-control] è un ottimo punto di partenza per esplorare di più sull'implementazione di account e autorizzazioni.

Di seguito un esempio di Smart Contract che fa uso di OpenZeppelin Access Control

```
/ contracts/MyContract.sol
// SPDX-License-Identifier: MIT
pragma solidity ^0.8.0;

import "@openzeppelin/contracts/access/Ownable.sol";
```

```
contract MyContract is Ownable {
    function normalThing() public {
        // anyone can call this normalThing()
    }

    function specialThing() public onlyOwner {
        // only the owner can call specialThing()!
    }
}
```

Account "Operator"

Oltre a fornire ai tuoi utenti account con autorizzazioni adeguate, potresti voler eseguire determinate operazioni per conto dei tuoi utenti, ad esempio avviare trasferimenti di token in blocco o altre operazioni di smart contract.

Gli standard degli Smart Contract spesso forniscono metodi per autorizzare un account ad agire per conto del proprietario del token.

Ad esempio, la funzione **setApprovalForAll** di ERC-721 [https://docs.openzeppelin.com/contracts/4.x/api/token/erc721#IERC721-setApprovalForAll-address-bool-] concede a un account operatore l'autorizzazione a trasferire qualsiasi token di proprietà dell'account proprietario.

Questa è una funzionalità potente, quindi dovrai prestare molta attenzione alle credenziali per i tuoi account privilegiati.

Dovresti anche comunicare chiaramente ai tuoi utenti quali capacità avranno gli account della tua piattaforma e come verranno esercitati.

Pronti per Sviluppare la prima applicazione su blockchain

Ora che hai appreso i fondamenti teorici e hai compreso più a fondo anche i limiti di queste nascenti tecnologie, direi che sei pronto ad affrontare la parte pratica di sviluppo.

Prima di partire però vorrei lasciarti qualche raccomandazione:
- La tecnologia è ancora nuova, oggi siamo come era internet nei primi anni 90. Intravediamo il potenziale di qualcosa, ma ancora mancano standard e protocolli ben definiti, ci sono problemi risolti solo in parte (es: persistenza e costi) ed ampie aree ancora inesplorate
- Non sottovalutare il problema della persistenza dei dati
- Ethereum è molto usata, ma ci sono alternative come Flow, SOLANA o Stellar che potrebbero fare al caso tuo. Molto dipende dalla soluzione che stai progettando.

- Non porti limiti, continua ad esplorare e ad immaginare il mondo decentralizzato che vorresti. Oggi per effettuare un pagamento devi chiedere il permesso a qualcuno, in futuro potrebbe non essere più così.

Un'ultima riflessione di ordine strategico

Quanto ci costerebbe creare un marketplace NFT?
Per coloro che hanno budget limitati, questa domanda è di grande importanza.
La quantità di lavoro necessaria per completare il progetto determina il prezzo finale.
Un altro fattore che influisce sul prezzo è la piattaforma che scegli per il tuo progetto NFT. Può essere l'**SDK OpenSea** [https://docs.opensea.io/docs/opensea-sdk] o una soluzione personalizzata su **Ethereum o altro**.

Gli strumenti già pronti potrebbero essere più costosi ma efficaci e consentono di risparmiare tempo.
In caso di sviluppo completamente personalizzato avrai bisogno di fare un preventivo dei costi.

La complessità è del marketplace è in genere un fattore determinante.
Quante funzionalità pensi di aggiungere al tuo progetto?
Dovrebbe avere un'interfaccia e una navigazione complesse?
La difficoltà fa aumentare il costo. Aspettati di dedicare del tempo e pagare per:

- Sviluppo UX/UI
- Sicurezza
- Profili utente
- Pagina principale
- Pagina del prodotto
- Pagina di valutazione
- Notifiche
- Integrazione crittografica
- Pannello acquirente/venditore
- Pannello di Amministrazione
- Gestione (diverse tipologie)

Potrebbero volerci più di 1000 ore, quindi circa 125 giornate uomo di sviluppo.
Il prezzo indicativo per una piattaforma di questo tipo parte da circa 50.000 euro.

Pensa attentamente a cosa intendi ottenere e quanto velocemente.

Caratteristiche di un "Marketplace NFT" di successo

Prima di avventurarci nei dettagli tecnici vorrei riassumere quali sono le caratteristiche funzionali comuni ai principali marketplace esistenti, oltre ovviamente alle peculiarità intrinseche della blockchain.

La Vetrina

È la caratteristica principale. Dovrebbe contenere informazioni come offerte, anteprima, proprietari, cronologia dei prezzi e altro.

Ricerca Avanzata dei Token

Trovare ciò che serve al cliente in modo rapido e preciso, con informazioni complete ed eventualmente approfondimenti su blockchain.
Un cliente deve ottenere dati affidabili sugli articoli desiderati rapidamente, con il minimo sforzo.
Un marketplace NFT dovrebbe avere tutti gli elementi ordinati e raggruppati per alcune caratteristiche (ad esempio, musica, immagini, video, arte, meme).
Una ricerca rapida migliora la soddisfazione del cliente.

Filtri

Questa funzionalità è simile alla precedente poiché l'idea principale è aiutare a scegliere il prodotto giusto in modo rapido e senza sforzo.
Dividi tutte le offerte in diverse categorie che influiscono sulle decisioni dell'acquirente nella maggior parte delle situazioni.
Questi possono essere prezzi, prodotti recenti, offerte speciali, best-seller e altro ancora.
Gli utenti sceglieranno gli articoli di cui hanno bisogno più velocemente e questo aumenta la probabilità di acquistarli.

Creazione e Pubblicazione

Consentire ai clienti di sviluppare e pubblicare oggetti da collezione.
Assicurati che possano farlo rapidamente e senza ostacoli.
Genera una pagina in cui i clienti possono facilmente caricare un file, digitando i metadati (o attributi) dell'articolo specifico. Informazioni come titolo, tag e descrizione sono un must.

Opzioni d'Offerta

Rendere possibile sia l'acquisto diretto di articoli che la proposta di offerta è fondamentale per qualsiasi progetto di e-commerce.

Attira più utenti poiché alcuni sono interessati a prezzi flessibili e non desiderano acquistare oggetti da collezione ad un prezzo prefissato.

Fare offerte è sempre divertente. Non dimenticare di aggiungere una data di scadenza per una funzione di asta.

I partecipanti registrati dovrebbero avere l'opportunità di vedere le informazioni sullo stato attuale delle loro offerte.

Li aiuterà a decidere se acquistare o continuare a fare nuove offerte.

Wallet e Semplicità

Gli utenti hanno bisogno di un luogo sicuro in cui ricevere e conservare i propri token non fungibili. Non tutte le opzioni sono adatte in quanto alcune di esse potrebbero presentare determinate minacce alla sicurezza dei fondi.

Ecco perché il marketplace NFT deve avere un wallet integrato per salvare e inviare token senza paura.

Crea e offri un portafoglio connesso, "nativo", invece di costringere i tuoi acquirenti a registrarsi con altri portafogli online.

In questo modo metti la semplicità al primo posto.

Non dovresti mai pensare di creare un portafoglio da zero. Pensa all'integrazione del tuo servizio con opzioni come Formatic [https://fortmatic.com/] o Coinbase.

Potrebbe essere necessario creare un elenco dei portafogli preferiti e aggiungerli alla tua piattaforma.

Fai di tutto per rendere l'archiviazione, l'invio e l'ottenimento di token il più semplice possibile.

Votazioni e Gradimenti

Questa caratteristica è per i neofiti.

I principianti potrebbero non avere idea da dove cominciare, come funziona il sistema e come scegliere velocemente gli elementi.

Dare un'occhiata alla lista delle votazioni per scoprire se altri utenti considerano questo venditore specifico affidabile potrebbe essere sufficiente.

Grazie alle valutazioni, i partecipanti alla piattaforma possono valutare gli altri e fornire feedback in base alle loro impressioni. Aiuterà gli altri a vedere quanto sia credibile ogni utente. Gli utenti con le valutazioni migliori ottengono sempre ricompense più interessanti.

Sviluppare un' app per il Minting

Questo capitolo rappresenta il cuore del corso.
Da qui iniziamo a sporcarci le mani col codice e con gli strumenti.
Utilizzerò esempi basati su piattaforma Ethereum.

Prima di addentrarci in soluzioni più complesse, partiamo dal semplice "hello world" come da ogni buon manuale tecnico che si rispetti.
Utilizzeremo javascript per iniziare a prendere dimestichezza con il mondo degli Smart Contract e della blockchain.
Tuttavia in questo primo STEP non scriveremo alcuno Smart Contract in Solidity, per cui rilassati e concentrati solo sull'uso di javascript di ultima generazione.

Breve ripasso dei Fondamenti per Ethereum

Prima di procedere, ripassiamo i concetti base per la blockchain di Ethereum.
In caso tu voglia approfondire puoi andare in APPENDICE e studiare i paragrafi dedicati ad Account e Specifiche ERC.

Sul sito Ethereum [https://ethereum.org/en/developers/docs/intro-to-ethereum/] trovi invece tutta la documentazione di approfondimento di cui potresti avere bisogno per consolidare le tue conoscenze.

Ma veniamo a noi con un ripasso veloce dei concetti di base che ti serviranno per continuare con la lettura di questo corso.

Smart Contracts

Uno Smart Contract è qualsiasi programma che viene eseguito su una blockchain e utilizza la capacità di una blockchain di tracciare lo stato, elaborare le transazioni e interagire con gli indirizzi.
Nel caso di Ethereum, gli Smart Contract possono essere scritti in **Solidity** [https://docs.soliditylang.org/] o **Vyper** [https://vyper.readthedocs.io/].
Tratteremo lo sviluppo di smart contract con Solidity in altri paragrafi, ma in questo tutorial ci concentreremo sull'interazione con smart contract già esistenti.

Ambienti Blockchain

Esistono tre ambienti per una rete blockchain: mainnet, devnet e testnet.

mainnet

La mainnet è la rete di produzione ufficiale.

È considerata la fonte della verità e i suoi token possono essere scambiati con denaro "reale" in vari modi.
Come puoi ben immaginare, l'utilizzo della rete principale per lo sviluppo ed il test sarebbe una scelta piuttosto costosa costosa.

devnet

Per rendere pratico lo sviluppo di Smart Contract, puoi lanciare una rete di sviluppo locale o devnet.
Di solito la devnet è un simulatore molto leggero che ha le stesse API della rete principale, ma viene eseguita sul tuo computer di sviluppo per un feedback e un'interazione rapidi.
Le devnet più popolari sono raggruppate in framework di sviluppo blockchain e forniscono funzionalità che migliorano la qualità della vita di noi dev, come i registri della console e le tracce dello stack.
Per Ethereum, le principali devnet sono:
- Ganache [https://www.trufflesuite.com/ganache], che fa parte della Truffle Suite [https://www.trufflesuite.com/]
- Hardhat [https://hardhat.org/hardhat-network/], che è integrata nel framework Hardhat [https://hardhat.org/].

testnet

Poiché le devnet sono una simulazione semplificata della rete reale, non si comportano sempre allo stesso modo.
Questa è una buona cosa quando vuoi cicli di sviluppo veloci, ma non così eccezionale quando vuoi sapere come funzionerà effettivamente il tuo contratto sulla mainnet.

Per questo, puoi distribuire ed eseguire il tuo contratto su una rete di test o testnet.
Queste reti generalmente eseguono lo stesso codice della mainnet, ma hanno stati blockchain separati e possono essere configurate in modo diverso in vari modi.

Hello World

A questo punto sei davvero pronto.
Per questo esempio interagiremo con un contratto che è stato distribuito nella testnet di Ropsten.
Questo ci consente di saltare la scelta e l'installazione di una devnet, ma avremo ancora bisogno di fare un po' di configurazioni.

Raccogliamo un po' di ETH con MetaMask per Chrome

MetaMask [https://metamask.io] è un'estensione del browser che collega le applicazioni web a Ethereum e ad altre reti blockchain.

È anche un portafoglio Ethereum, il che significa che **gestisce le chiavi private** utilizzate per autorizzare le transazioni Ethereum e può memorizzare i token Ethereum (ETH).

1. Vai su https://metamask.io/download.html e **installa MetaMask** per Chrome.
2. **Crea un account** e salva la tua frase seme. Questo ti darà accesso all'indirizzo del tuo portafoglio testnet Ropsten.
3. In Chrome, apri l'estensione MetaMask. Fare clic sul menu a discesa in alto a destra per cambiare rete e **selezionare la rete Ropsten**.
4. Fare clic sul pulsante **Acquista** e scorri verso il basso. Sotto l'intestazione Test Faucet, fai clic sul pulsante Ottieni Ether. Questo ti porterà al faucet testnet ETH, dove puoi richiedere token ETH testnet gratuiti. Questi non hanno valore monetario, dal momento che non possono essere scambiati in un exchange, ma funzionalmente si comportano come i token ETH sulla mainnet. **Questo ci consente di sviluppare programmi blockchain che funzioneranno su mainnet senza spendere soldi**.

TIP	Se hai un wallet ETH esistente su mainnet, è una buona idea creare un nuovo wallet per testnet. Ciò rende più difficile l'invio accidentale di ETH della rete principale a un indirizzo di portafoglio testnet, **che brucia per sempre l'ETH della rete principale**.

Dopo aver seguito questi passaggi, viene generata una transazione che conia un token ETH testnet e lo invia al tuo portafoglio. Il completamento dell'operazione potrebbe richiedere alcuni minuti. Puoi monitorare l'avanzamento della transazione facendo clic sul collegamento all'ID della transazione nella homepage del faucet, che ti porterà al blockchain explorer per Ropsten testnet su etherscan.io [https://ropsten.etherscan.io/].

Scarichiamo la libreria javascript Ethers

Ora che abbiamo creato un portafoglio testnet e lo abbiamo riempito con test ETH pronto per alimentare le transazioni sulla blockchain, siamo pronti per fare un po' di sviluppo.

Per prima cosa crea una directory vuota denominata hello-eth:

```
mkdir hello-eth
cd hello-eth
```

Per interagire con Ethereum, abbiamo bisogno di una libreria JavaScript che effettui chiamate

API JSON-RPC [https://ethereum.org/en/developers/docs/apis/json-rpc/].
Per le interazioni con gli smart contract, i due principali contendenti sono
- web3.js [https://web3js.readthedocs.io/] ed
- Ethers [https://docs.ethers.io/].

Usiamo Ethers per questa guida, poiché è un po' più facile per iniziare.

Nella pagina introduttiva di Ethers
[https://docs.ethers.io/v5/getting-started/#getting-started--importing--web-browser], scarica la
libreria Ethers come file .js.
Per questo tutorial, utilizzeremo la versione ES6 della libreria, che dovrebbe avere un nome file
come ethers-5.1.esm.min.js.
Metti questo file nella directory hello-eth.

I dettagli applicativi

Per questo tutorial, ci collegheremo a uno smart contract chiamato Greeter che è incluso in un
nuovo progetto Hardhat.
È stato distribuito nella testnet Ropsten all'indirizzo
0xE0282e76237B8eB19A5D08e1741b8b3e2691Dadd, e puoi trovare i dettagli su EtherScan
Ropsten block explorer [https://ropsten.etherscan.io/] cercando quell'indirizzo.
[https://ropsten.etherscan.io/address/0xE0282e76237B8eB19A5D08e1741b8b3e2691Dadd].

Ethers ha un'API Contract [https://docs.ethers.io/v5/api/contract/contract/] che astrae i dettagli
della blockchain e ci consente di interagire con Smart Contract come se fossero normali oggetti
JavaScript denominati Contract.

Per collegare un oggetto JavaScript a uno smart contract distribuito con Ethers, abbiamo
bisogno di due cose:
- l'indirizzo del contratto e
- la sua **Application Binary Interface** (ABI).

Per ottenere l'ABI per un contratto, guarda il **codice sorgente del contratto** su blockchain
explorer.
Ecco il codice sorgente di Greeter
[https://ropsten.etherscan.io/address/0xE0282e76237B8eB19A5D08e1741b8b3e2691Dadd#co
de].
Puoi trovare l'ABI, che è espresso come un blocco di codice JSON, scorrendo verso il basso.

[{"inputs":[{"internalType":"string","name":"_greeting","type":"string"}],"stateMutability":"nonpay
able","type":"constructor"},{"inputs":[],"name":"greet","outputs":[{"internalType":"string","name":
"","type":"string"}],"stateMutability":"view","type":"function"},{"inputs":[{"internalType":"string","n

```
ame":"_greeting","type":"string"}],"name":"setGreeting","outputs":[],"stateMutability":"nonpayab
le","type":"function"}]
```

Creiamo la index.html

Nella cartella `hello-eth`, accanto a `ethers-5.1.esm.min.js`, crea un file chiamato
`index.html` e inserisci il seguente codice.
Nel codice nota il valore ABI di Etherscan (GREETER_ABI) e l'indirizzo per lo Smart Contract
"`Greeter`" (GREETER_ADDRESS) dichiarati come `const` e MetaMask che fornisce l'accesso
alla blockchain di Ethereum tramite l'oggetto `window.ethereum`.

Questo è tutto ciò di cui Ethers ha bisogno per fornire un livello Web3 per effettuare chiamate
smart contract con JavaScript.

```html
<!DOCTYPE html>
<html lang="en" dir="ltr">
 <head>
  <title>Hello, Ethers!</title>
  <meta charset="UTF-8" />
  <meta name="viewport" content="width=device-width, initial-scale=1.0" />
  <script type="module">
    import { ethers } from "./ethers-5.1.esm.min.js";
    //const ethers = require('ethers')

    const GREETER_ADDRESS = '0xE0282e76237B8eB19A5D08e1741b8b3e2691Dadd'
    const GREETER_ABI =
`[{"inputs":[{"internalType":"string","name":"_greeting","type":"string"}],"st
ateMutability":"nonpayable","type":"constructor"},{"inputs":[],"name":"greet",
"outputs":[{"internalType":"string","name":"","type":"string"}],"stateMutabili
ty":"view","type":"function"},{"inputs":[{"internalType":"string","name":"_gre
eting","type":"string"}],"name":"setGreeting","outputs":[],"stateMutability":"
nonpayable","type":"function"}]`

    async function getGreeting() {
      // Wrap the window.ethereum object injected by MetaMask with the
ethers API
      const provider = new ethers.providers.Web3Provider(window.ethereum);

      // Connect to the greeter contract.
      const greeterContract = new ethers.Contract(GREETER_ADDRESS,
GREETER_ABI, provider);

      // Call the greet() smart contract function.
      const greeting = await greeterContract.greet();

      // Write the greeting result to the DOM.
      document.getElementById('output').innerHTML = greeting;
```

```
        }
      getGreeting();
  </script>
  </head>
  <body>
    <div id="output" />
  </body>
</html>
```

TIP	Fai attenzione al codice. MetaMask fornisce accesso al layer web3 iniettando nel context della VM javascript un oggetto "ethereum", ovvero "window.ethereum". Se l'oggetto non esiste, vuol dire che MetaMask non è installato. Sfrutta questo suggerimento per implementare un controllo che redirecta l'utente verso l'installazione di MetaMask in caso non sia valorizzato l'oggetto `window.ethereum`.

Installa e avvia un server http

Questo step è opzionale se disponi di un IDE (es: Jetbrains include in ogni IDE la funzione integrata di web server) che include un web server per lo sviluppo.
Per esempio prova a dare un occhio a Fleet [https://www.jetbrains.com/fleet/].
Diversamente puoi installare Node.js [https://nodejs.org/] ed utilizzare http_server [https://www.npmjs.com/package/http-server], che è un semplice server statico http.

Per installare http_server, dopo aver installato Node, esegui il comando:
`npm install --global http-server`
Per avviarlo devi semplicemente scrivere a console:
`http-server .`
Il punto rappresenta il percorso relativo da cui il server http deve prelevare i file da servire, per cui partiamo dal presupposto che la console da cui lanci il comando sia posizionata nella cartella del nostro progetto.

Se digitando nel browser l'indirizzo `http://127.0.0.1:8081/` non viene caricata la nostra index.html, vuol dire che il server non è partito nella cartella di progetto.

Se tutto è andato bene, il browser vi mostrerà la scritta `Hello, Hardhat!`

Conclusione

Ottimo lavoro, hai creato la tua prima applicazione web3.
Ora sai come interagire con gli Smart Contract usando JavaScript direttamente nel tuo browser, hai un account Ropsten Testnet caricato con ETH per il gas ed uno schema generale per la creazione di app su Ethereum.

Sviluppare un servizio di Minting più complesso

In questo tutorial creeremo un token NFT e lo meorizzeremo su IPFS e Filecoin utilizzando nft.storage, il tutto in una Web App decentralizzata creata utilizzando **JavaScript**, **ethers.js** e **React**.

Utilizzeremo la blockchain di Ethereum, tuttavia i concetti descritti possono essere applicati altrettanto facilmente ad altre blockchain.
In altri paragrafi parleremo anche di Stellar e Solana, ma potreste fare cose simili anche su Blockchain Bitcoin.

Se non hai mai lavorato con Ethereum o un'altra piattaforma di Smart Contract prima di proseguire leggi il paragrafo "Hello World" e approfondisci i concetti base.

Spieghiamo l'interazione tra IPFS e nft.storage

In questo esempio utilizzeremo nft.storage come servizio di persistenza dei file ed IPFS come sistema per il Content Addressing.
Di Content Addressing e del servizio nft.storage abbiamo parlato qualche paragrafo più sopra.

In ogni caso vale la pena fare nuovamente un volo panoramico su alcuni concetti base.
Quando un NFT viene creato e collegato a un file che risiede su un altro sistema, il modo in cui i dati sono collegati è fondamentale.
Ci sono alcuni motivi per cui i tradizionali collegamenti HTTP non si adattano perfettamente alle esigenze degli NFT.

Con un indirizzo HTTP come https://cloud-service.com/my-nftfile.jpg, chiunque può recuperare i contenuti di my-nftfile.jpg, purché il **proprietario del server paghi le bollette**. Tuttavia, non c'è modo di garantire che i contenuti di my-nftfile.jpg siano gli stessi di quando è stata creata la NFT. **Il proprietario del server può facilmente sostituire my-nftfile.jpg** con qualcosa di diverso in qualsiasi momento, facendo sì che l'NFT cambi il suo significato.
Due problemi non da poco per il nostro NFT, non trovate?

Questo problema è stato [dimostrato praticamente da un artista che ha creato un NFT e successivamente alla vendita ha poi modificando le immagini](#)

https://cointelegraph.com/news/opensea-collector-pulls-the-rug-on-nfts-to-highlight-arbitrary-value].

IPFS risolve questo problema potenzialmente catastrofico grazie al suo utilizzo dell'indirizzamento dei contenuti.
L'aggiunta di dati a IPFS produce un [identificatore di contenuto](https://docs.ipfs.io/concepts/content-addressing/) (CID) che è derivato direttamente dai dati stessi e si collega ai dati nella rete IPFS.
Poiché **un CID può fare riferimento solo a un contenuto**, sappiamo che nessuno può sostituire o alterare il contenuto senza interrompere il collegamento.

Usando quel CID, chiunque può recuperare una copia dei suoi dati dalla rete IPFS purché almeno una copia esista sulla rete, anche se il provider originale è scomparso.
Questo rende i CID perfetti per l'archiviazione NFT. Tutto ciò che dobbiamo fare è inserire il CID in un URI ipfs:// come `ipfs://lkhakdhaskdh747wrhf.../nft.jpg` e abbiamo un collegamento immutabile dalla blockchain ai dati del nostro token.

Naturalmente, potrebbero esserci alcuni casi in cui desideri modificare i metadati per un NFT dopo che è stato pubblicato. Non c'è problema!
Dovrai solo aggiungere il supporto al tuo Smart Contract per aggiornare l'URI per un token dopo che è stato emesso.
Questo ti consentirà di modificare l'URI originale in un nuovo URI IPFS pur lasciando un record della versione iniziale nella cronologia delle transazioni della blockchain.
Ciò fornisce chiarezza e responsabilizzazione, rendendo chiaro a tutti cosa è stato modificato, quando e da chi.

Usando **nft.storage**, possiamo rendere i nostri dati NFT disponibili su IPFS gratuitamente, con la persistenza del contenuto automaticamente gestita!
In particolare, nft.storage include sia "cold storage" a lungo termine nella rete decentralizzata [Filecoin](https://filecoin.io/), sia "hot storage" utilizzando [IPFS Cluster](https://cluster.ipfs.io/).
Inoltre nft.storage fornisce una libreria [client JavaScript](https://www.npmjs.com/package/nft.storage) che ti aiuta, in una poche righe di codice, a caricare i dati su IPFS e generare metadati NFT.

```javascript
import { NFTStorage, File } from 'nft.storage'
const client = new NFTStorage({ token: API_TOKEN })

const metadata = await client.store({
  name: 'Pinpie',
  description: 'Pin is not delicious beef!',
```

```
  image: new File(
    [
      /* data */
    ],
    'pinpie.jpg',
    { type: 'image/jpg' }
  ),
})
console.log(metadata.url)
//
ipfs://bafyreib4pff766vhpbxbhjbqqnsh5emeznvujayjj4z2iu533cprgbz
23m/metadata.json
```

Richiedere un API Key per nft.storage

NFTStorage, come evidenziato nel codice precedente, richiede una chiave API per funzionare.

Ecco come procedere:
1. Effettua il login su nft.storage [https://nft.storage/login].
   Ti verrà richiesto di inserire la mail e ti verrà inviato un link per il login.
2. Una volta entrato, richiedi una API Key [https://nft.storage/manage/]

A questo punto dovresti vedere una maschera simile a questa:

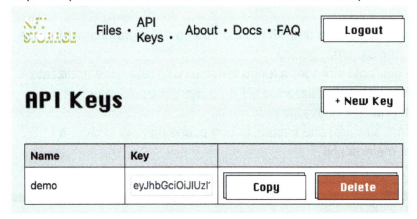

(immagine tratta dal sito ufficiale https://nft.storage)

La tua API key può essere utilizzata come costante all'interno del codice.
In genere è utile creare un file di costanti (es: constants.js) in cui dichiarare tutti i valori costanti che andremo ad utilizzare nel codice.

Lo Smart Contract in Solidity

Come avrai già intuito seguendo il primo esempio "Hello World", per fare il minting di un NFT su piattaforma Ethereum occorre passare da uno Smart Contract.

In Ethereum gli Smart Contract sono scritti in Solidity [https://soliditylang.org/], il linguaggio interno della VM della blockchain di Ethereum.

Lo Smart Contract implementerà lo standard ERC-721 [https://eips.ethereum.org/EIPS/eip-721] per gli NFT.

Per semplificarci un po' la vita scriveremo lo Smart Contract basandoci su framework OpenZeppelin e sulla relativa implementazione di ERC-721 [https://docs.openzeppelin.com/contracts/3.x/api/token/erc721#ERC721].

```solidity
// contracts/GGNFTMinter.sol
// SPDX-License-Identifier: MIT
pragma solidity ^0.7.0;

import "hardhat/console.sol";
import "@openzeppelin/contracts/token/ERC721/ERC721.sol";
import "@openzeppelin/contracts/utils/Counters.sol";

contract GGNFTMinter is ERC721 {
    using Counters for Counters.Counter;
    Counters.Counter private _tokenIds;

    constructor(string memory tokenName, string memory symbol)
ERC721(tokenName, symbol) {
        _setBaseURI("ipfs://");
    }

    function mintToken(address owner, string memory metadataURI)
    public
    returns (uint256)
    {
        // increments a counter
        _tokenIds.increment();

        // get new counter
        uint256 id = _tokenIds.current();

        _safeMint(owner, id);
        _setTokenURI(id, metadataURI);

        return id;
    }
}
```

Questo Smart Contract è molto semplice e, anche se ancora non completo e pronto per la produzione (mancano i controlli per gli accessi che regolano chi può chiamare la funzione `mintToken`), racchiude già le funzioni base per ogni contratto di minting di NFT su blockchain Ethereum.

Ecco una breve descrizione del codice:

- Costruttore: nel costruttore abbiamo invocato la funzione `_setBaseURI` [https://docs.openzeppelin.com/contracts/3.x/api/token/erc721#ERC721-_setBaseURI-string-] del contratto base importato con OpenZeppelin. Non è necessario invocarla se poi nel metodo `mintToken` passeremo la variabile stringa `metadataURI`, tuttavia a titolo di esempio ho preferito mostrare nel codice anche una chiamata nel costruttore.

- La funzione `mintToken` si occupa di effettuare il minting e restituisce il nuovo ID del token. Se fosse un progetto da portare in produzione, avrebbe senso valutare in questa fase anche il controllo accessi per verificare quali restrizioni applicare.

- all'interno di `mintToken` vengono al momento effettuate poche ma fondamentali operazioni:
  - `_tokenIds.increment()`: Invoca il metodo "increment" dell'oggetto Counters.Counter dichiarato come `_tokenIds`.
  - `uint256 id = _tokenIds.current()`: Imposta la variabile `id` con il valore appena incrementato
  - `_safeMint(owner, id)`: Esegue il mint del nuovo `id` e lo trasferisce a `owner`. Per maggiori informazioni fai riferimento alla documentazione OpenZeppelin
  - `_setTokenURI(id, metadataURI)`: Assegna un URI all'id di un token. L'id deve ovviamente esistere, per questo motivo abbiamo prima invocato il metodo `_safeMint`.
  - Infine viene ritornato il nuovo id appena registrato.

Come si può notare, nonostante sia molto basilare, questo Smart Contract fa già egregiamente il suo mestiere.

Come dicevo prima, non è ancora pronto per la produzione, ma è comunque un ottimo punto di partenza ed offre diversi spunti di approfondimento di OpenZeppelin che può realmente rendervi la vita più semplice.

Configuriamo l'ambiente di sviluppo

Qui sopra abbiamo appena visto come l'utilizzo di un framework possa semplificarci la vita. Anche per il front-end, come già fatto per lo Smart Contract (che nelle Dapp può essere considerato il back-end) possiamo fare uso di frameworks ed utility per accelerare e semplificare lo sviluppo.

In questo caso utilizzeremo scaffold-eth [https://github.com/scaffold-eth/scaffold-eth], un framework completo per partire da zero con tutti i componenti e tutte le integrazioni utili.

In questa sede non approfondiremo scaffold-eth, tuttavia potrai approfondire le funzionalità di scaffold-eth esplorando il resto del codice di esempio o controllando i progetti presentati al Buidl Guidl [https://buidlguidl.com/], un gruppo di sviluppatori di Ethereum focalizzato sull'educazione e la crescita della comunità di sviluppatori di Ethereum.

Per altre informazioni ed esempi puoi consultare anche la documentazione ufficiale di scaffold-eth [https://docs.scaffoldeth.io/scaffold-eth/].

Prerequisiti

Lo stack tecnologico per sviluppare Dapp è identico a quello che già probabilmente conosci. Ovvero

- git [https://git-scm.com/],
- node.js [https://nodejs.org/en/]
- yarn [https://yarnpkg.com/]
- React [https://reactjs.org/] e opzionamente
- Antd [https://ant.design/]

In alternativa puoi comunque optare per lo stack che preferisci o che conosci meglio.
Se sei già uno sviluppatore React, dovresti sentirti come a casa.
Se non conosci React o preferisci un framework diverso, non c'è problema perché manterremo questa guida incentrata sulla gestione delle risorse NFT e sulle interazioni degli Smart Contract.

Partiamo col Codice

```
async function mintNFT({ contract, ownerAddress, provider, gasPrice, setStatus,
image, name, description }) {

    // First we use the nft.storage client library to add the image and metadata to
IPFS / Filecoin
    const client = new NFTStorage({ token: NFT_STORAGE_KEY });
    setStatus("Uploading to nft.storage...")
    const metadata = await client.store({
        name,
        description,
        image,
    });
    setStatus(`Upload complete! Minting token with metadata URI: ${metadata.url}`);
```

```
    // the returned metadata.url has the IPFS URI we want to add.
    // our smart contract already prefixes URIs with "ipfs://", so we remove it
before calling the `mintToken` function
    const metadataURI = metadata.url.replace(/^ipfs:\/\//, "");


    // scaffold-eth's Transactor helper gives us a nice UI popup when a transaction
is sent
    const transactor = Transactor(provider, gasPrice);
    const tx = await transactor(contract.mintToken(ownerAddress, metadataURI));


    setStatus("Blockchain transaction sent, waiting confirmation...");


    // Wait for the transaction to be confirmed
    const receipt = await tx.wait();
    let tokenId = null;
    for (const event of receipt.events) {
        if (event.event !== 'Transfer') {
            continue
        }
        tokenId = event.args.tokenId.toString();
        break;
    }
    setStatus(`Minted token #${tokenId}`);
    return tokenId;
}
```

Abbiamo riprodotto in javascript la funzione `mintNFT` che come prima cosa caricherà un'immagine su Filecoin ed otterrà un URI IPFS.
Successivamente invocherà la transazione sullo Smart Contract e concluderà l'operazione impostando uno stato sul client che convaliderà l'avvenuta transazione con successo.

Il cuore di tutto avviene nella chiamata `contract.mintToken(ownerAddress, metadataURI)`.
L'oggetto `contract` viene passato alla funzione dall'esterno, ed è un oggetto ottenuto da ether.js [https://docs.ethers.io/v5/].

Nella nostra chiamata a `mintNFT` vogliamo ottenere l'ID del nuovo token, ma poiché la funzione `mintToken` modifica lo stato della blockchain, non può restituire immediatamente un valore. Questo perché la chiamata alla funzione crea una nuova transazione Ethereum e non c'è modo di sapere con certezza che il blocco contenente la transazione verrà effettivamente estratto e incorporato nella blockchain - ad esempio, potrebbe non esserci abbastanza gas per pagare la transazione .

Per ottenere l'ID del token per il nostro nuovo NFT, dobbiamo chiamare `tx.wait()`, che attende la conferma della transazione.
 L'ID del token è racchiuso all'interno di un evento di trasferimento, che viene emesso dal contratto di base quando un nuovo token viene creato o trasferito a un nuovo proprietario. Ispezionando l'oggetto `receipt` della transazione restituita da `tx.wait()`, possiamo estrarre l'ID del token dall'evento Transfer.

Approfondimenti e prossimi passi

Abbiamo visto come sia tutto sommato semplice creare una soluzione di minting degli NFT su blockchain Ethereum quando ci si fa supportare da framework e strumenti adatti.

Se volete approfondire lo sviluppo di piattaforme NFT su Ethereum vi consiglio di continuare gli approfondimenti partendo da scaffold-eth (https://github.com/scaffold-eth/scaffold-eth).
Qui avrai a disposizione una serie di tutorial aggiornati e tanto codice da esplorare.

Potresti per esempio partire dal progetto Simple NFT Example [https://github.com/scaffold-eth/scaffold-eth/tree/simple-nft-example] che è la naturale continuazione di questo paragrafo.

Il fenomeno CryptoPunks

I CryptoPunks meritano un capitolo dedicato solo a loro.

E' anche grazie al loro successo che gli NFT sono diventati oggi un fenomeno conosciuto da quasi ogni utente che sappia utilizzare un PC o uno SmartPhone.

(immagine tratta dal sito ufficiale https://www.larvalabs.com/cryptopunks)

CryptoPunks si è rivelato un enorme successo, con punk rari passati di mano in mano per enormi somme di Ether del valore di milioni di dollari.

I CryptoPunk sono 10.000 personaggi generati in modo univoco.

Non ce ne sono due esattamente uguali e ognuno di essi può essere ufficialmente di proprietà di una singola persona sulla blockchain di Ethereum.

In origine, potevano essere richiesti gratuitamente da chiunque avesse un portafoglio Ethereum, ma tutti e 10.000 sono stati rapidamente rivendicati.

Ora devono essere acquistati da qualcuno tramite il mercato che è a sua volta incorporato nella blockchain.

Tramite questo mercato puoi acquistare, fare offerte e offrire punk in vendita.

Alcune Statistiche sui CryptoPunk

Una delle cose che rende interessante il fenomeno CryptoPunk sono i volumi che hanno movimentato.

Prezzo minore disponibile per un Punk	**88.45 ETH ($372,569.97 USD)**
Numero di vendite nel 2021	**11,819**
Valore totale del transato ad ottobre 2021	**590.39KΞ ($1.68B)**

Valore transato giornaliero	**1.24KΞ ($5.34M)**
Valore transato settimanale	**7.6KΞ ($32.9M)**
Valore transato mensile	**33.35KΞ ($148.42M)**

Per dati più aggiornati fare riferimento al sito ufficiale dei CryptoPunk
[https://www.larvalabs.com/cryptopunks]

Cos'è un CryptoPunk

I CryptoPunk sono immagini artistiche di 24x24 pixel, generate algoritmicamente.
La maggior parte sono ragazzi e ragazze dall'aspetto punk, ma ci sono alcuni tipi più rari
mescolati: scimmie, zombi e persino uno strano alieno.
Ogni punk ha la propria pagina del profilo che mostra i propri attributi e lo stato di
proprietà/vendita (ecco un esempio) [https://www.larvalabs.com/cryptopunks/details/4553].

Cryptopunks / 4553

CryptoPunk 4553

One of 6039 Male punks.

Attributes

This punk has **3 attributes**, one of 4501 with that many.

Luxurious Beard

286 punks have this.

Classic Shades

502 punks have this.

Crazy Hair

414 punks have this.

Qui puoi trovare il link all'indirizzo del proprietario
[https://www.larvalabs.com/cryptopunks/accountinfo?account=0xf7f7d74ce9fc6626d629c6e90d9aaa359417dcb5]

Questo PUNK 4553 ha una storia di transazioni alle spalle piuttosto interessante:

Type	From	To	Amount	Txn
Offered			900Ξ ($2.9M)	Aug 28, 2021
Offered			440Ξ ($1.47M)	Aug 23, 2021
Offered			300Ξ ($1M)	Aug 23, 2021
Offered			249Ξ ($634,186)	Aug 01, 2021
Sold	0xb70c1a	0xf7f7d7	48Ξ ($92,017)	Jul 18, 2021
Offered			53Ξ ($100,963)	Jul 18, 2021
Bid	0xf7f7d7		48Ξ ($91,572)	Jul 17, 2021
Offered			55.55Ξ ($106,624)	Jul 16, 2021
Bid Withdrawn	0x58074f		40Ξ ($75,846)	Jul 16, 2021
Bid	0x58074f		40Ξ ($76,194)	Jul 15, 2021
Offered			56.65Ξ ($132,945)	Jun 12, 2021

Offered			60Ξ ($248,509)	May 11, 2021
Offered			64Ξ ($149,843)	Apr 14, 2021
Transfer	0xff70ec	0xb70c1a		Apr 13, 2021
Offered			64Ξ ($137,921)	Apr 12, 2021
Sold	0x2e2e26	0xff70ec	36Ξ ($74,735)	Apr 09, 2021
Bid Withdrawn	peted.et…		31.33Ξ ($62,855)	Apr 08, 2021
Bid	peted.et…		31.33Ξ ($61,586)	Apr 07, 2021
Offered			36Ξ ($58,426)	Mar 26, 2021
Bid	100coins…		0.10Ξ ($66)	Dec 19, 2020
Sold	0x7e2d1c	0x2e2e26	0.80Ξ ($113)	Dec 24, 2018
Offered			0.80Ξ ($234)	Aug 18, 2017
Offered			5.67Ξ ($1,118)	Jul 14, 2017
Offered			3.13Ξ ($618)	Jul 14, 2017
Bid	0x717403		0.08Ξ ($22)	Jun 25, 2017

Bid	0x5b098b	0.08Ξ ($25)	Jun 23, 2017
Claimed	0x7e2d1c		Jun 23, 2017

Il PUNK 4553 è stato richiesto il 23 giugno 2017 e poi venduto a 25$.
Il 28 Agosto del 2021 sono stati offerti 2.9 Milioni di dollari per lo stesso punk.

Come acquistare un punk personale

Per acquistare un punk personale devi aver acquisito i fondamenti sulla tecnologia NFT e sugli strumenti fondamentali come il wallet.

Di seguito alcune informazioni sullo stato attuale dei CryptoPunk che continuano a vendere e ad essere scambiati.

(immagine tratta dal sito ufficiale https://www.larvalabs.com/cryptopunks)

I punk con sfondo blu non sono in vendita e non hanno offerte in corso.
I punk con uno sfondo rosso sono disponibili per la vendita dal loro proprietario.
Infine, i punk con uno sfondo viola hanno un'offerta attiva su di loro.

Ecco i passi da fare per acquistare un punk.

1. Scarica e installa un plug-in del browser Chrome chiamato MetaMask [https://metamask.io/].
   Ciò consentirà ai siti Web (da te autorizzati) di accedere al tuo account Ethereum.
2. Se hai creato un nuovo account, acquista degli Ether. Il plugin MetaMask ha un pulsante che ti permetterà di acquistare Ether da Coinbase.

3. Una volta installato il plug-in, il sito Web di scambio dei Punk [https://www.larvalabs.com/cryptopunks] lo riconoscerà e aggiungerà pulsanti che ti permetteranno di fare offerte, acquistare e vendere punk direttamente nell'interfaccia.
4. Ad esempio, puoi acquistare il Punk #8604 per 88,45 ETH ($ 372,569,97 USD).

Domande e curiosità sui Punk

Dove sono conservate le immagini dei punk?

Quando sono state rilasciate originariamente, le immagini reali dei punk erano troppo grandi per essere memorizzate sulla blockchain, quindi è stato preso un hash dell'immagine composita di tutti i punk ed è stata incorporata nel contratto.

Puoi verificare che i punk gestiti dal contratto Ethereum siano i *True Official Genuine CryptoPunks™* calcolando un hash SHA256 sull'immagine cryptopunks e confrontandolo con l'hash memorizzato nel contratto.

Da allora, grazie ad alcune intelligenti idee di compressione e all'aiuto di amici dei punk, si è riusciti a mettere l'intera immagine e attribuire i dati completamente sulla catena. Puoi leggere di più sui meccanismi e sui dettagli del processo nel post del blog [https://www.larvalabs.com/blog/2021-8-18-18-0/on-chain-cryptopunks].

I punk sono un token ERC-721?

No. I CryptoPunk sono precedenti allo standard ERC-721 ed hanno un contratto personalizzato, il che significa che non è conforme a nessuno standard.

Sono quasi un token ERC20. Supportano i metodi che forniscono il tuo saldo in modo che tu possa guardare CryptoPunks come token nel tuo portafoglio e vedere quanti ne possiedi. Nessuno degli altri metodi è lo stesso poiché non stai trasferendo un semplice saldo, ma devi fare riferimento a quale Punk specifico vuoi lavorare.

Da dove provengono i dati di mercato del sito ufficiale?

I prezzi, le offerte e le vendite che vedi sul sito ufficiale vengono caricati dal contratto Cryptopunks sulla blockchain di Ethereum.

Poiché i Cryptopunk sono precedenti allo standard ERC-721 (e a tutti i mercati NFT di terze parti), c'è stato anche bisogno di scrivere un marketplace in modo che i punk potessero essere scambiati.

Gli sviluppatori non hanno alcun controllo sul contratto che regola questo marketplace e non hanno accesso a dati aggiuntivi oltre a quelli forniti dalla blockchain.

In effetti chiunque altro potrebbe scrivere un front-end web per questo marketplace.

Ci sono commissioni per le transazioni?

No. Non ci sono commissioni per i Cryptopunk scambiati attraverso il mercato integrato oltre a quelle addebitate da Ethereum (gas).
I sorgenti del contratto e ulteriori dettagli tecnici sono disponibili su Github.

Lo Smart Contract dei Punk

A questo link puoi trovare lo Smart Contract dei punk [https://github.com/larvalabs/cryptopunks/blob/master/contracts/CryptoPunksMarket.sol#L5].

```solidity
pragma solidity ^0.4.8;
contract CryptoPunksMarket {

    // You can use this hash to verify the image file containing all the punks
    string public imageHash = "ac39af4793119ee46bbff351d8cb6b5f23da60222126add4268e261199a2921b";

    address owner;

    string public standard = 'CryptoPunks';
    string public name;
    string public symbol;
    uint8 public decimals;
    uint256 public totalSupply;

    uint public nextPunkIndexToAssign = 0;

    bool public allPunksAssigned = false;
    uint public punksRemainingToAssign = 0;

    //mapping (address => uint) public addressToPunkIndex;
    mapping (uint => address) public punkIndexToAddress;

    /* This creates an array with all balances */
    mapping (address => uint256) public balanceOf;
```

Da notare che l'HASH del file immagine è stato inizialmente inserito nel contratto.

```solidity
    // You can use this hash to verify the image file containing all the punks
    string public imageHash = "ac39af4793119ee46bbff351d8cb6b5f23da60222126add4268e261199a2921b";
```

Meebits, l'evoluzione dei CryptoPunks

Visto il successo dei CryptoPunks, i ragazzi di LarvaLab stanno continuando a produrre NFT e ad innovare mercato e tecnologie.

I Meebit [https://meebits.larvalabs.com/] sono 20.000 personaggi voxel 3D unici, creati da un algoritmo generativo personalizzato, quindi registrati sulla blockchain di Ethereum.

Un voxel (Volumetric Picture Element) è un'unità di misura del volume. Il voxel è la controparte tridimensionale del pixel bidimensionale (che rappresenta l'unità dell'area), e perciò il volume buffer (un ampio array 3D di voxel) dei voxel può essere considerato come la controparte tridimensionale del frame buffer bidimensionale dei pixel.

Il contratto NFT è uno standard ERC-721 che funziona con qualsiasi servizio o scambio compatibile.

I proprietari di un Meebit hanno accesso a un pacchetto di risorse aggiuntivo che include il modello 3D completo.
Tutti i proprietari di Meebit possono accedere a un file OBJ T-pose che può essere importato in qualsiasi software di modellazione e animazione 3D più standard.
Il modello 3D può essere usato per renderizzare e animare il Meebit, **o come avatar nel metaverso**.

Questo è il concetto di cui parlavamo nei capitoli precedenti a proposito di come gli NFT stiano cambiando il mondo dei videogiochi e si stiano proponendo come valido strumento anche nel così detto "METAVERSO"

TIP	*"Gli NFT offrono nuove meccaniche sia al mondo dei videogiochi che alle nascenti piattaforme social o 3D come i METAVERSO"*

Capitolo finale. Ora tocca a te innovare e contribuire alla costruzione del Metaverso

Se sei un programmatore hai già il futuro nelle tue mani.
Noi dev siamo il cuore pulsante di questo secolo digitale, in cui l'analogico si fonde ai bit per dare origine a mondi che un secolo fa il genere umano poteva solo immaginare.

Ma se sei o se diventerai un programmatore di **dapp**, allora potresti essere il creatore del prossimo social o del metaverso che permetterà alle persone di gestire con più controllo i propri dati e scambiare valore senza dover per forza sottostare al controllo di un governo centrale.
Le architetture decentralizzate non sono nuovissime, ma la blockchain ha democratizzato quello che prima non era pensabile, ovvero la creazione di un valore riconosciuto da altri senza la supervisione ed il controllo di uno stato o di una banca centrale.

L'innovazione spesso nasce da semi insospettabili, e gli NFT, come tante altre innovazioni, sono partiti silenziosi dal seme di una tecnologia nata dal basso e condivisa col mondo.
Sta a te ora cogliere i frutti di questo seme e farne nuovi strumenti.

Ma prima di lasciarci momentaneamente vogliamo regalarti un ultimo paragrafo che speriamo possa esserti di ispirazione: l'invenzione degli AUTOGLIFI

Autoglyphs, l'arte che si auto genera

Gli Autoglyphs [https://www.larvalabs.com/autoglyphs] sono la prima arte generativa "on-chain" sulla blockchain di Ethereum.
Sono un meccanismo completamente autonomo per la creazione e la proprietà di un'opera d'arte.

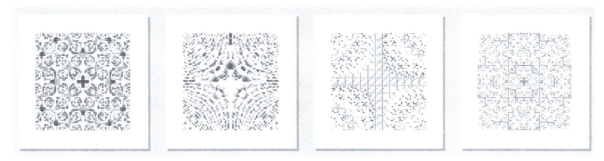

E' l'ultima invenzione dei ragazzi di LarvaLab.
Che vi piaccia o no, che vi sembri sensata o meno, si tratta di un approccio altruistico, innovativo e creativo all'uso della blockchain.

L'intento di questo manuale è proprio quello di stimolarvi a creare il nuovo metaverso, ad innovare nell'uso della blockchain e a costruirvi un futuro libero dalle catene dorate del lavoro dipendente.

Essere imprenditori di se stessi è il modo migliore per scrivere i capitoli più belli del proprio futuro.

Gli autoglifi sono un esperimento di arte generativa, ognuno unico e creato dal codice in esecuzione sulla blockchain di Ethereum.

Un glifo può essere creato da chiunque sia disposto a donare la quota di creazione di 0,20 ($ 839) all' organizzazione benefica scelta, 350.org [https://350.org/].

Il creatore del glifo diventerà quindi anche il primo proprietario del glifo.

Tuttavia, dopo che sono stati creati 512 glifi, il generatore si spegnerà per sempre e i glifi saranno disponibili solo sul mercato secondario.

Ora che è stato distribuito il progetto su Ethereum, è importante notare che nessuno più controlla il codice che genera l'arte, né il codice che gestisce la proprietà dei glifi.

Questa è una differenza cruciale dall'arte che viene pubblicata e venduta da un artista o da una galleria.

Consente una garanzia a lungo termine di proprietà, provenienza e dimensioni dell'edizione indipendente da qualsiasi autorità centrale.

Dettagli Tecnici

Gli Autoglifi sono un algoritmo generativo altamente ottimizzato in grado di creare miliardi di opere d'arte uniche, racchiuse all'interno di un'interfaccia ERC-721.

Sebbene ERC-721 sia lo standard per i "token non fungibili" (qualcosa che i CryptoPunk hanno contribuito a definire), è generalmente utilizzato per gestire la proprietà di oggetti digitali archiviati altrove.

La differenza chiave con gli autoglifi è che l'arte è all'interno del contratto stesso, è letteralmente "arte sulla blockchain".

Questo diventa ovvio se esamini qualsiasi transazione di creazione di glifi sulla blockchain. I dati dell'evento contengono l'output completo del generatore e quindi l'opera d'arte stessa. Vedi qui per un esempio [https://etherscan.io/tx/0x10757d45a56f93afdc78cc712553ba999e5a1a881be9139200be9f021a716712#eventlog].

Non assomiglia molto ai dati esadecimali, ma codifica un modello artistico del personaggio. Questo pattern può poi essere disegnato su uno schermo o anche su carta seguendo le istruzioni scritte nei commenti dello smart contract stesso [https://etherscan.io/address/0xd4e4078ca3495de5b1d4db434bebc5a986197782#code].

```
1 ▾ /**
2    *Submitted for verification at Etherscan.io on 2019-04-05
3    */
4
5    pragma solidity ^0.4.24;
6
7 ▾ /**
8    *
9    *     ***    **    ** ********  *******   ******  **    **    ** ********  **    **  ******
10   *    ** **   **    **    **    **    ** **    **  **    **    ** **    **  **    **    **
11   *    **  **  **    **    **    **    ** ** **    ****    **    ** **    **  **    **
12   *    **  **  **    **    **    ** **    **** **    **    ******** ********  ******
13   *    ********* **   **    **    ** **    ** **    **    **    **    **    **    **    **
14   *    **     ** **   **    **    ** **    ** **    **    **    **    **    ** **    **
15   *    **     ** ******     **    *******  ******  ********  **    **    **    **  ******
16   *
17   *
18   *                                                    by Matt Hall and John Watkinson
19   *
20   *
21   * The output of the 'tokenURI' function is a set of instructions to make a drawing.
22   * Each symbol in the output corresponds to a cell, and there are 64x64 cells arranged in a square grid.
23   * The drawing can be any size, and the pen's stroke width should be between 1/5th to 1/10th the size of a cell.
24   * The drawing instructions for the nine different symbols are as follows:
25   *
```

72

APPENDICE

L'Appendice contiene informazioni tecniche di dettaglio e link utili o curiosi che puoi divertirti ad esplorare con calma per migliorare la tua conoscenza degli NFT e delle tecnologie sottostanti.

Account Ethereum

Parlando di NFT si ricade per forza di cose su Ethereum e quindi è importante conoscerne i fondamenti.

Gli account sono un argomento piuttosto basico.

Un account Ethereum è un'entità con un saldo in ether (ETH) che può inviare transazioni su Ethereum.

Gli account possono essere controllati da utenti o distribuiti come Smart Contract.

Ethereum ha due tipi di account:
- **Di proprietà esterna**: controllato da chiunque possieda chiavi private
- **Contratto**: uno Smart Contract distribuito sulla rete, controllato da codice.

Entrambi i tipi di account hanno la possibilità di:
- Ricevere, conservare e inviare ETH e token
- Interagire con gli Smart Contract distribuiti

Differenze Fondamentali

Di proprietà esterna
- Creare un account non costa nulla
- Può avviare transazioni
- Le transazioni tra account di proprietà esterna possono essere solo trasferimenti di ETH

Contratto
- La creazione di un account **ha un costo** perché utilizzi spazio di archiviazione della rete
- Può inviare transazioni solo in risposta alla ricezione di una transazione
- Le transazioni da un account esterno a un account contratto possono attivare codice, che a sua volta può eseguire molte azioni diverse, come il trasferimento di token o anche la creazione di un nuovo contratto

Un Account in dettaglio

Gli account Ethereum hanno quattro campi:
- **nonce**: contatore che indica il numero di transazioni inviate dall'account. Garantisce che le transazioni vengano elaborate una sola volta. Se si tratta di un account contratto, questo numero rappresenta il numero di contratti creati dall'account
- **balance**: il numero di Wei di proprietà di questo indirizzo. Wei è un taglio dell'ETH. Ci sono 1e+18 Wei per ogni ETH.
- **codeHash**: tutti questi frammenti di codice sono contenuti nel database di stato sotto i relativi hash per un recupero futuro. Per gli account contratto, è il codice a cui viene

applicato un hash e che viene archiviato come codeHash. Per gli account di proprietà esterna, il campo codeHash è l'hash della stringa vuota.

- **storageRoot**: detto anche hash di archiviazione. Hash a 256 bit del nodo radice di un albero di Merkle Patricia che codifica il contenuto dello spazio di archiviazione dell'account (una mappatura tra valori interi a 256 bit), codificato nel trie come mappatura tra l'hash di Keccak a 256 bit delle chiavi intere a 256 bit e i valori interi codificati in RLP a 256 bit. Questo albero codifica l'hash del contenuto dello storage di questo account ed è vuoto di default

Account di Proprietà Esterna e coppie di chiavi

Un account è costituito da una coppia di chiavi crittografiche: **pubblica** e **privata**.
Le chiavi contribuiscono a dimostrare che una transazione è stata effettivamente firmata dal mittente e a prevenire falsificazioni.

La chiave **privata è ciò che viene utilizzato per firmare le transazioni,** quindi garantisce la custodia dei fondi associati all'account. La proprietà delle criptovalute non è mai veramente dell'utente.
L'utente possiede le chiavi private, i fondi si trovano sempre nel ledger di Ethereum.
Questo impedisce ai malintenzionati di trasmettere transazioni false perché è sempre possibile verificare il mittente di una transazione.

Se Alice vuole inviare ether dal suo account a quello di Bob, deve creare una richiesta di transazione e inviarla alla rete per la verifica. L'uso di Ethereum della crittografia a chiave pubblica garantisce che Alice possa dimostrare di aver avviato originariamente la richiesta di transazione. Senza meccanismi crittografici, un utente malintenzionato, ad esempio Eva, potrebbe semplicemente trasmettere pubblicamente una richiesta del tipo "inviare 5 ETH dall'account di Alice a quello di Eva", e nessuno sarebbe in grado di verificare che non provenga da Alice.

Creazione di un Account

Quando vuoi creare un account, la maggior parte delle librerie generano una chiave privata casuale.
Una chiave privata è composta da un massimo di 64 caratteri esadecimali e può essere crittografata con una password.
Esempio:
```
ffffffffffffffffffffffffffffffffebaaedce6af48a03bbfd25e8cd036415f
```

La chiave pubblica viene generata dalla chiave privata usando l'algoritmo di firma digitale della curva ellittica.

Ottieni un indirizzo pubblico per il tuo account prendendo gli ultimi 20 byte della chiave pubblica e aggiungendo 0x all'inizio.

Ecco un esempio di creazione di un account nella console utilizzando `personal_newAccount` di GETH

```
> personal.newAccount()
Passphrase:
Repeat passphrase:
"0x5e97870f263700f46aa00d967821199b9bc5a120"
> personal.newAccount("h4ck3r")
"0x3d80b31a78c30fc628f20b2c89d7ddbf6e53cedc"
```

È possibile ricavare nuove chiavi pubbliche dalla chiave privata ma non è possibile ricavare una chiave privata da chiavi pubbliche.

Significa che **è fondamentale mantenere le chiavi private al sicuro** e, come suggerisce il nome, PRIVATE.

Serve una chiave privata per firmare i messaggi e le transazioni che producono una firma. Gli altri utenti possono quindi utilizzare la firma per ricavare la chiave pubblica e dimostrare chi è l'autore del messaggio.

Nelle applicazioni che si creano, è possibile utilizzare una libreria javascript per inviare transazioni alla rete

Transazioni Ethereum

Le transazioni sono istruzioni firmate crittograficamente da account. Un account avvia una transazione per aggiornare lo stato della rete Ethereum. La transazione più semplice è il trasferimento di ETH da un account ad un altro.

Con transazione Ethereum ci si riferisce ad un'azione iniziata da un account di proprietà esterna, in altre parole gestito dall'uomo e non da un contratto. Per esempio, se Bob manda ad Alice 1 ETH, sull'account di Bob verrà addebitato l'importo e su quello di Alice accreditato. Questa azione che modifica lo stato avviene all'interno di una transazione.

Le transazioni, che cambiano lo stato dell' EVM, devono essere trasmesse all'intera rete. Ogni nodo può trasmettere una richiesta di esecuzione di una transazione sull'EVM; in seguito, un miner eseguirà la transazione e propagherà il cambiamento di stato risultante al resto della rete.

Le transazioni richiedono una commissione e ne deve essere eseguito il mining affinché siano valide.

Per semplificare questa spiegazione, parleremo in altra sede di commissioni e di mining.

Una transazione inviata contiene le seguenti informazioni:

- **recipient** – L'indirizzo ricevente (se si tratta di un account di proprietà esterna, la transazione trasferirà valore. Se si tratta di un contratto, la transazione eseguirà il codice del contratto)
- **signature** – Identificatore del mittente. Viene generata quando la chiave privata del mittente firma la transazione e conferma che il mittente ha autorizzato la transazione
- **value** – Quantità di ETH da trasferire dal mittente al destinatario (in WEI, un taglio dell'ETH)
- **data** – Campo opzionale per includere dati arbitrari
- **gasLimit** – Importo massimo di unità di carburante che possono essere consumate dalla transazione. Le unità di carburante rappresentano fasi di calcolo
- **gasPrice** – Commissione che il mittente paga per unità di carburante

Il carburante è un riferimento per il calcolo necessario perché un miner elabori la transazione. Gli utenti devono pagare una commissione per questo calcolo. Il **gasLimit** e il **gasPrice** determinano la commissione massima sulla transazione pagata al miner

L'oggetto della transazione sarà qualcosa del genere:

```
{
  from: "0xEA674fdDe714fd979de3EdF0F56AA9716B898ec8",
  to: "0xac03bb73b6a9e108530aff4df5077c2b3d481e5a",
  gasLimit: "21000",
  gasPrice: "200",
  nonce: "0",
  value: "10000000000",
}
```

Ma l'oggetto di una transazione deve essere firmato utilizzando la chiave privata del mittente. Questo prova che la transazione è stata originata solo dal mittente e non è stata inviata in modo fraudolento.

Un client Ethereum come Geth gestirà il processo di firma.

Esempio di chiamata JSON-RPC:

```
{
  "id": 2,
  "jsonrpc": "2.0",
  "method": "account_signTransaction",
  "params": [
    {
      "from": "0x1923f626bb8dc025849e00f99c25fe2b2f7fb0db",
      "gas": "0x55555",
```

```
        "gasPrice": "0x1234",
        "input": "0xabcd",
        "nonce": "0x0",
        "to": "0x07a565b7ed7d7a678680a4c162885bedbb695fe0",
        "value": "0x1234"
      }
  ]
}
```

Esempio di Risposta:

```
{
  "jsonrpc": "2.0",
  "id": 2,
  "result": {
    "raw":
"0xf88380018203339407a565b7ed7d7a678680a4c162885bedbb695fe080a44401a6e40000000000000
0000000000000000000000000000000000000000000000000000001226a0223a7c9bcf5531c99be5ea7082183
816eb20cfe0bbc322e97cc5c7f71ab8b20ea02aadee6b34b45bb15bc42d9c09de4a6754e7000908da72d
48cc7704971491663",
    "tx": {
      "nonce": "0x0",
      "gasPrice": "0x1234",
      "gas": "0x55555",
      "to": "0x07a565b7ed7d7a678680a4c162885bedbb695fe0",
      "value": "0x1234",
      "input": "0xabcd",
      "v": "0x26",
      "r": "0x223a7c9bcf5531c99be5ea7082183816eb20cfe0bbc322e97cc5c7f71ab8b20e",
      "s": "0x2aadee6b34b45bb15bc42d9c09de4a6754e7000908da72d48cc7704971491663",
      "hash": "0xeba2df809e7a612a0a0d444ccfa5c839624bdc00dd29e3340d46df3870f8a30e"
    }
  }
}
```

- **raw** è la transazione firmata in formato codificato Recursive Length Prefix (RLP)
- **tx** è la transazione firmata in formato JSON

Con l'hash di firma, la transazione può provare crittograficamente che arriva dal mittente ed è stata inviata alla rete.

Carburante (Gas)

Come accennato, le transazioni hanno un costo in carburante per essere eseguite.
Semplici transazioni di trasferimento richiedono 21000 unità di carburante.

Quindi Bob, per inviare ad Alice 1 ETH con un gasPrice di 200 Gwei, dovrà pagare la seguente commissione:

```
1    200*21000 = 4,200,000 GWEI
2    --or--
3    0.0042 ETH
4
```

Circa 15 euro al cambio di ottobre 2021.

Sull'account di Bob verranno addebitati -1,0042 ETH
Sull'account di Alice verranno accreditati +1,0 ETH
Il miner che elabora la transazione riceverà +0,0042 ETH
Il carburante è richiesto anche per ogni interazione con Smart Contract.

Ciclo di Vita delle Transazioni

Una volta inviata una transazione, succede quanto segue:

1. Una volta inviata una transazione, viene generato un **hash crittografico** della transazione:
   0x97d99bc7729211111a21b12c933c949d4f31684f1d6954ff477d0477538ff017
2. La transazione viene poi **inviata alla rete** e inclusa in un gruppo di molte altre transazioni.
3. Un miner deve scegliere la transazione e **includerla in un blocco** per verificarla e considerarla "riuscita".
   - In questa fase potrebbero esserci tempi di attesa se la rete è congestionata e i miner non riescono a tenere il passo. I miner daranno sempre priorità alle transazioni con più alto GASPRICE perché otterranno una commissione di conseguenza.
4. La transazione avrà anche un numero di conferma del blocco. Si tratta del numero dei blocchi creati fino al blocco che include la tua transazione. Più è alto il numero, maggiore è la certezza che la transazione venga elaborata e riconosciuta dalla rete. Succede questo perché a volte il blocco in cui è stata inclusa la transazione potrebbe non averla inclusa nella catena.
   - Più è alto il numero di conferma del blocco, più la transazione è immutabile. Quindi per transazioni di valore elevato è consigliabile che ci siano più conferme di blocco.

Gli Standard Ethereum

I token possono rappresentare praticamente tutto in Ethereum:

- punti di reputazione in piattaforme online
- abilità di un personaggio di un videogioco
- biglietti della lotteria
- strumenti finanziari come una partecipazione in una società
- una valuta legale come il dollaro statunitense
- un'oncia d'oro
- e molto altro...

Uno dei molti standard di sviluppo di Ethereum si concentra sulle interfacce dei token. Questi standard aiutano a garantire che gli Smart Contract rimangano componibili, in modo che, ad esempio, quando un nuovo progetto emette un token, esso rimanga compatibile con gli scambi decentralizzati già esistenti.

Una caratteristica così potente di Ethereum deve essere gestita da uno standard robusto.
I token fungibili possono essere scambiati tra loro.
Per farlo ci serve solo la **Contract Application Binary Interface** (**ABI**) per creare un'interfaccia per qualsiasi token ERC-20.

ERC-20

Questo standard permette agli sviluppatori di creare applicazioni token interoperabili con altri prodotti e servizi.

ERC-20 introduce uno standard per i token fungibili. In altre parole questi token hanno una proprietà che rende ogni token esattamente uguale (per tipo e valore) a un altro token.
Per esempio, un token ERC-20 funziona esattamente come ETH, ossia 1 token è e sarà sempre uguale a tutti gli altri token.

ERC-20 (**Ethereum Request for Comments 20**), proposto da Fabian Vogelsteller nel novembre 2015, è uno standard token che implementa un'API per token all'interno di Smart Contract.
Fornisce funzionalità ad esempio per:
- il trasferimento di token da un account a un altro
- la richiesta del saldo corrente di token di un account
- la quantità totale di token disponibili sulla rete

Oltre a questo ha anche altre funzionalità, come la possibilità di approvare che una quantità di token di un account possa essere spesa da un account di terze parti.

Se uno Smart Contract implementa i seguenti metodi ed eventi può essere chiamato **contratto token ERC-20** e, una volta distribuito, sarà responsabile di tenere traccia dei token creati su Ethereum

Metodi:

```
function name() public view returns (string)
function symbol() public view returns (string)
function decimals() public view returns (uint8)
function totalSupply() public view returns (uint256)
function balanceOf(address _owner) public view returns (uint256 balance)
function transfer(address _to, uint256 _value) public returns (bool success)
function transferFrom(address _from, address _to, uint256 _value) public returns
(bool success)
function approve(address _spender, uint256 _value) public returns (bool success)
function allowance(address _owner, address _spender) public view returns (uint256
remaining)
```

Eventi:

```
event Transfer(address indexed _from, address indexed _to, uint256 _value)
event Approval(address indexed _owner, address indexed _spender, uint256 _value)
```

ESEMPIO (WEB3.py):
Vediamo perché uno standard è così importante per semplificare l'ispezione dei contratti token ERC-20 su Ethereum.
Ci serve solo la Contract Application Binary Interface (ABI) per creare un'interfaccia per qualsiasi token ERC-20.
Come puoi vedere di seguito, useremo un'ABI semplificata per fornire un esempio semplice da capire.

NOTA:
L'esempio seguente utilizza il linguaggio Python.

TIP	Prima di procedere, assicurati di aver installato la libreria web3.py [https://web3py.readthedocs.io/en/stable/quickstart.html#installation] `$ pip install web3`

```
from web3 import Web3
```

```python
w3 = Web3(Web3.HTTPProvider("https://cloudflare-eth.com"))

dai_token_addr = "0x6B175474E89094C44Da98b954EedeAC495271d0F"      # DAI
weth_token_addr = "0xC02aaA39b223FE8D0A0e5C4F27eAD9083C756Cc2"     # Wrapped ether
(WETH)

acc_address = "0xA478c2975Ab1Ea89e8196811F51A7B7Ade33eB11"        # Uniswap V2: DAI
2

# questa è un'ABI (Contract Application Binary Interface) semplificata per un
contratto token ERC-20.
# Espone solo i metodi balanceOf(address), decimals(), symbol() e totalSupply()
simplified_abi = [
    {
        'inputs': [{'internalType': 'address', 'name': 'account', 'type':
'address'}],
        'name': 'balanceOf',
        'outputs': [{'internalType': 'uint256', 'name': '', 'type': 'uint256'}],
        'stateMutability': 'view', 'type': 'function', 'constant': True
    },
    {
        'inputs': [],
        'name': 'decimals',
        'outputs': [{'internalType': 'uint8', 'name': '', 'type': 'uint8'}],
        'stateMutability': 'view', 'type': 'function', 'constant': True
    },
    {
        'inputs': [],
        'name': 'symbol',
        'outputs': [{'internalType': 'string', 'name': '', 'type': 'string'}],
        'stateMutability': 'view', 'type': 'function', 'constant': True
    },
    {
        'inputs': [],
        'name': 'totalSupply',
        'outputs': [{'internalType': 'uint256', 'name': '', 'type': 'uint256'}],
        'stateMutability': 'view', 'type': 'function', 'constant': True
    }
]

dai_contract = w3.eth.contract(address=w3.toChecksumAddress(dai_token_addr),
abi=simplified_abi)
symbol = dai_contract.functions.symbol().call()
decimals = dai_contract.functions.decimals().call()
totalSupply = dai_contract.functions.totalSupply().call() / 10**decimals
addr_balance = dai_contract.functions.balanceOf(acc_address).call() / 10**decimals

#  DAI
print("===== %s =====" % symbol)
print("Total Supply:", totalSupply)
print("Addr Balance:", addr_balance)

weth_contract = w3.eth.contract(address=w3.toChecksumAddress(weth_token_addr),
abi=simplified_abi)
symbol = weth_contract.functions.symbol().call()
decimals = weth_contract.functions.decimals().call()
totalSupply = weth_contract.functions.totalSupply().call() / 10**decimals
```

```
addr_balance = weth_contract.functions.balanceOf(acc_address).call() / 10**decimals

#  WETH
print("===== %s =====" % symbol)
print("Total Supply:", totalSupply)
print("Addr Balance:", addr_balance)
```

ERC-777

ERC-777 è lo standard per i token fungibili che estende ERC-20.

Lo standard ERC-777 estende ERC-20 introducendo:
- Hooks
- Decimals

HOOKS:
Gli hook sono funzioni descritte nel codice di uno Smart Contract.
Gli hook vengono chiamati quando i token vengono inviati o ricevuti tramite il contratto.
Ciò consente ad uno Smart Contract di reagire ai token in entrata o in uscita.
Gli hook vengono registrati e rilevati utilizzando lo standard ERC-1820
[https://eips.ethereum.org/EIPS/eip-1820].

A cosa sono utili gli Hooks?
1. Gli hook consentono l'invio di token a un contratto e la notifica del contratto in un'unica transazione, a differenza di ERC-20, che richiede una doppia chiamata (approvare/transferFrom) per raggiungere questo obiettivo.
2. I contratti che non hanno hook registrati sono incompatibili con ERC-777. Il contratto mittente interromperà la transazione quando il contratto ricevente non ha registrato un hook. Ciò impedisce trasferimenti accidentali a contratti intelligenti non ERC-777.
3. Gli hook possono rifiutare le transazioni.

DECIMALI:
Lo standard risolve anche la confusione sui decimali causata da ERC-20. Questa chiarezza migliora l'esperienza degli sviluppatori.

ERC-721

Nel tempo Ethereum ha dedicato agli NFT un vero e proprio standard.

Inizialmente, come già detto nel capitolo dedicato ai CryptoPunks, i primi NFT vennero emessi su standard ERC-20, personalizzando però lo Smart Contract che riportava un hash o una informazione che lo rendeva unico e ben distinguibile da altri token.

Un token non fungibile (NFT) è usato per identificare inequivocabilmente qualcosa o qualcuno. Questo tipo di Token è perfetto su piattaforme che offrono oggetti collezionabili, chiavi di accesso, biglietti della lotteria, posti numerati per concerti o eventi sportivi ecc.

ERC-721 introduce uno standard per NFT, in altre parole questo tipo di token è unico e può avere un diverso valore rispetto a un altro token dello stesso Smart Contract, magari dovuto all'età, alla rarità o ad altro, come il suo aspetto.

Tutti gli NFT hanno una variabile **uint256** chiamata **tokenId**, quindi per i contratti ERC-721 la coppia contract address, uint256 tokenId deve essere unica a livello globale.
Detto ciò, una dapp può avere un "convertitore" che utilizza tokenId come input e restituisce l'immagine di qualcosa come zombie, armi, abilità o teneri gattini.

ERC-721 (Ethereum Request for Comments 721), proposto da William Entriken, dieter Shirley, Jacob Evans e Nastassia Sachs nel gennaio 2018, è uno standard token non fungibile che implementa un'API per token all'interno di Smart Contract.
Fornisce funzionalità ad esempio per:
- il trasferimento di token da un account a un altro
- la richiesta del saldo corrente di token di un account, del proprietario di un token specifico
- la quantità totale di token disponibili sulla rete

Oltre a questo ha anche altre funzionalità, come la possibilità di approvare che una quantità di token di un account possa essere spostata da un account terzo.

Se uno Smart Contract implementa i seguenti metodi ed eventi può essere chiamato contratto token non fungibile ERC-721 e, una volta distribuito, sarà responsabile di tenere traccia dei token creati su Ethereum

Metodi:

```
function balanceOf(address _owner) external view returns (uint256);
function ownerOf(uint256 _tokenId) external view returns (address);
function safeTransferFrom(address _from, address _to, uint256 _tokenId, bytes data)
external payable;
function safeTransferFrom(address _from, address _to, uint256 _tokenId) external
payable;
function transferFrom(address _from, address _to, uint256 _tokenId) external
payable;
```

```
function approve(address _approved, uint256 _tokenId) external payable;
function setApprovalForAll(address _operator, bool _approved) external;
function getApproved(uint256 _tokenId) external view returns (address);
function isApprovedForAll(address _owner, address _operator) external view returns
(bool);
```

Eventi:

```
event Transfer(address indexed _from, address indexed _to, uint256 indexed
_tokenId);
event Approval(address indexed _owner, address indexed _approved, uint256 indexed
_tokenId);
event ApprovalForAll(address indexed _owner, address indexed _operator, bool
_approved);
```

ESEMPIO (WEB3.py):

Vediamo perché uno standard è così importante per semplificare l'ispezione dei contratti token
ERC-721 su Ethereum.
Ci serve solo la Contract Application Binary Interface (ABI) per creare un'interfaccia per
qualsiasi token ERC-721.
Come puoi vedere di seguito, useremo un'ABI semplificata per fornire un esempio semplice da
capire.

NOTA:
L'esempio seguente utilizza il linguaggio Python.

TIP	Prima di procedere, assicurati di aver installato la libreria web3.py [https://web3py.readthedocs.io/en/stable/quickstart.html#installation] $ pip install web3

```
from web3 import Web3
from web3.utils.events import get_event_data


w3 = Web3(Web3.HTTPProvider("https://cloudflare-eth.com"))

ck_token_addr = "0x06012c8cf97BEaD5deAe237070F9587f8E7A266d"    #
```

```python
CryptoKitties Contract

acc_address = "0xb1690C08E213a35Ed9bAb7B318DE14420FB57d8C"          #
CryptoKitties Sales Auction

# Questa è una Contract Application Binary Interface (ABI) semplificata per un
contratto NFT ERC-721.
# Espone solo i metodi balanceOf(address), name(), ownerOf(tokenId), symbol(),
totalSupply()
simplified_abi = [
    {
        'inputs': [{'internalType': 'address', 'name': 'owner', 'type':
'address'}],
        'name': 'balanceOf',
        'outputs': [{'internalType': 'uint256', 'name': '', 'type':
'uint256'}],
        'payable': False, 'stateMutability': 'view', 'type': 'function',
'constant': True
    },
    {
        'inputs': [],
        'name': 'name',
        'outputs': [{'internalType': 'string', 'name': '', 'type': 'string'}],
        'stateMutability': 'view', 'type': 'function', 'constant': True
    },
    {
        'inputs': [{'internalType': 'uint256', 'name': 'tokenId', 'type':
'uint256'}],
        'name': 'ownerOf',
        'outputs': [{'internalType': 'address', 'name': '', 'type':
'address'}],
        'payable': False, 'stateMutability': 'view', 'type': 'function',
'constant': True
    },
    {
        'inputs': [],
        'name': 'symbol',
        'outputs': [{'internalType': 'string', 'name': '', 'type': 'string'}],
        'stateMutability': 'view', 'type': 'function', 'constant': True
    },
    {
        'inputs': [],
        'name': 'totalSupply',
        'outputs': [{'internalType': 'uint256', 'name': '', 'type':
'uint256'}],
        'stateMutability': 'view', 'type': 'function', 'constant': True
    },
]

ck_extra_abi = [
    {
        'inputs': [],
```

```
        'name': 'pregnantKitties',
        'outputs': [{'name': '', 'type': 'uint256'}],
        'payable': False, 'stateMutability': 'view', 'type': 'function',
'constant': True
    },
    {
        'inputs': [{'name': '_kittyId', 'type': 'uint256'}],
        'name': 'isPregnant',
        'outputs': [{'name': '', 'type': 'bool'}],
        'payable': False, 'stateMutability': 'view', 'type': 'function',
'constant': True
    }
]

ck_contract = w3.eth.contract(address=w3.toChecksumAddress(ck_token_addr),
abi=simplified_abi+ck_extra_abi)
name = ck_contract.functions.name().call()
symbol = ck_contract.functions.symbol().call()
kitties_auctions = ck_contract.functions.balanceOf(acc_address).call()
print(f"{name} [{symbol}] NFTs in Auctions: {kitties_auctions}")

pregnant_kitties = ck_contract.functions.pregnantKitties().call()
print(f"{name} [{symbol}] NFTs Pregnants: {pregnant_kitties}")

# Viene utilizzata l'ABI Transfer Event per ottenere informazioni sui gattini
trasferiti.
tx_event_abi = {
    'anonymous': False,
    'inputs': [
        {'indexed': False, 'name': 'from', 'type': 'address'},
        {'indexed': False, 'name': 'to', 'type': 'address'},
        {'indexed': False, 'name': 'tokenId', 'type': 'uint256'}],
    'name': 'Transfer',
    'type': 'event'
}

# Abbiamo bisogno della firma dell'evento per filtrare i registri
event_signature = w3. ha3(text="Transfer(address,address,uint256)").hex()

logs = w3.eth.getLogs({
    "fromBlock": w3.eth.blockNumber - 120,
    "address": w3. oChecksumAddress(ck_token_addr),
    "topics": [event_signature]
})

# Note:
# - 120 blocchi è l'intervallo massimo per il provider CloudFlare
# - Se non hai trovato un evento Transfer puoi provare a ottenere un tokenId
all'indirizzo:
#
https://etherscan.io/address/0x06012c8cf97BEaD5deAe237070F9587f8E7A266d#events
# Fai clic per espandere i registri dell'evento e copiare l'argomento
```

```
"tokenId"

recent_tx = [get_event_data(tx_event_abi, log)["args"] for log in logs]

kitty_id = recent_tx[0]['tokenId'] # Incolla "tokenId" qui dal link precedente
is_pregnant = ck_contract.functions.isPregnant(kitty_id).call()
print(f"{name} [{symbol}] NFTs {kitty_id} is pregnant: {is_pregnant}")
```

Il contratto CryptoKitties contiene alcuni eventi interessanti oltre a quelli standard.
Diamo un'occhiata a due di questi, **Pregnant** e **Birth**.

```
# Viene usata l'ABI Pregnant e Birth Events per ottenere informazioni sui
nuovi gattini.
ck_extra_events_abi = [
    {
        'anonymous': False,
        'inputs': [
            {'indexed': False, 'name': 'owner', 'type': 'address'},
            {'indexed': False, 'name': 'matronId', 'type': 'uint256'},
            {'indexed': False, 'name': 'sireId', 'type': 'uint256'},
            {'indexed': False, 'name': 'cooldownEndBlock', 'type':
'uint256'}],
        'name': 'Pregnant',
        'type': 'event'
    },
    {
        'anonymous': False,
        'inputs': [
            {'indexed': False, 'name': 'owner', 'type': 'address'},
            {'indexed': False, 'name': 'kittyId', 'type': 'uint256'},
            {'indexed': False, 'name': 'matronId', 'type': 'uint256'},
            {'indexed': False, 'name': 'sireId', 'type': 'uint256'},
            {'indexed': False, 'name': 'genes', 'type': 'uint256'}],
        'name': 'Birth',
        'type': 'event'
    }]

# Abbiamo bisogno della firma dell'evento per filtrare i registri
ck_event_signatures = [
    w3. ha3(text="Pregnant(address,uint256,uint256,uint256)").hex(),
    w3.sha3(text="Birth(address,uint256,uint256,uint256,uint256)"). ex(),
]

# Ecco un evento Pregnant:
# -
https://etherscan.io/tx/0xc97eb514a41004acc447ac9d0d6a27ea6da305ac8b877dff37e4
9db42e1f8cef#eventlog
pregnant_logs = w3. th.getLogs({
    "fromBlock": w3.eth.blockNumber - 120,
    "address": w3. oChecksumAddress(ck_token_addr),
```

```
    "topics": [ck_extra_events_abi[0]]
})

recent_pregnants = [get_event_data(ck_extra_events_abi[0], log)["args"] for
log in pregnant_logs]

# Ecco un evento Birth:
# -
https://etherscan.io/tx/0x3978028e08a25bb4c44f7877eb3573b9644309c044bf087e3353
97f16356340a
birth_logs = w3.eth.getLogs({
    "fromBlock": w3.eth.blockNumber - 120,
    "address": w3.toChecksumAddress(ck_token_addr),
    "topics": [ck_extra_events_abi[1]]
})

recent_births = [get_event_data(ck_extra_events_abi[1], log)["args"] for log
in birth_logs]
```

ERC-1155

ERC-1155 è uno standard per Token multipli eterogenei.
Un singolo contratto distribuito può includere qualsiasi combinazione di token fungibili, token non fungibili o altre configurazioni (ad esempio token semi fungibili).

Cosa si intende per Standard Multi-Token?

L'idea è semplice e cerca di creare un'interfaccia di contratto intelligente in grado di rappresentare e controllare un numero qualsiasi di tipi di token fungibili e non fungibili.

In questo modo, il token ERC-1155 può svolgere le stesse funzioni di un token ERC-20 e ERC-721, e anche entrambi contemporaneamente.
E soprattutto, migliorando la funzionalità di entrambi gli standard, rendendolo più efficiente e correggendo evidenti errori di implementazione sugli standard ERC-20 ed ERC-721.

Funzioni e Funzionalità:
- **Batch Transfer**: Trasferisce asset multipli in una sola call.
- **Batch Balance**: Ottiene il bilancio di asset multipli in una sola call.
- **Batch Approval**: Approva tutti i token in un indirizzo.
- **Hooks**: Riceve l'Hook di un token.
- **NFT Support**: Se l'offerta è solo 1, la tratta come NFT.
- **Safe Transfer Rules**: Insieme di regole per il trasferimento sicuro.

Nota: *tutte le funzioni batch, incluso l'hook, esistono anche come versioni senza batch. Questo viene fatto per l'efficienza del gas, considerando che il trasferimento di un solo asset sarà probabilmente ancora il modo più comunemente usato.*
Li abbiamo omessi per semplicità nelle spiegazioni, comprese le regole di trasferimento sicuro. I nomi sono identici, basta rimuovere il 'Batch'.

Batch Transfers

Il trasferimento batch funziona in modo molto simile ai normali trasferimenti ERC-20.
Diamo un'occhiata alla normale funzione transferFrom ERC-20:

```
// ERC-20
function transferFrom(address from, address to, uint256 value) external returns
(bool);

// ERC-1155
function safeBatchTransferFrom(
    address _from,
    address _to,
    uint256[] calldata _ids,
    uint256[] calldata _values,
    bytes calldata _data
) external;
```

L'unica differenza in ERC-1155 è che passiamo i valori come un array e passiamo anche un array di id. Ad esempio, dati ids=[3, 6, 13] e values=[100, 200, 5], i trasferimenti risultanti saranno

1. Trasferisci 100 token con ID 3 da _from a _to.
2. Trasferisci 200 token con id 6 da _from a _to.
3. Trasferisci 5 token con ID 13 da _from a _to.

In ERC-1155 abbiamo solo **transferFrom**, e non **transfer**.
Per usarlo come un normale **transfer**, basta impostare l'indirizzo from sull'indirizzo che sta chiamando la funzione.

Batch Balance

Anche il rispettivo **balanceOf** ERC-20 ha la sua funzione partner con supporto batch.
Come promemoria, questa è la versione ERC-20:

```
// ERC-20
function balanceOf(address owner) external view returns (uint256);

// ERC-1155
```

```
function balanceOfBatch(
    address[] calldata _owners,
    uint256[] calldata _ids
) external view returns (uint256[] memory);
```

Ancora più semplice per la chiamata del saldo, possiamo recuperare più saldi in un'unica chiamata. Passiamo l'array dei proprietari, seguito dall'array degli ID token.

Ad esempio, dati _ids=[3, 6, 13] e _owners=[0xbeef..., 0x1337..., 0x1111...], il valore restituito sarà

```
[
    balanceOf(0xbeef...),
    balanceOf(0x1337...),
    balanceOf(0x1111...)
]
```

Batch Approval

```
// ERC-1155
function setApprovalForAll(
    address _operator,
    bool _approved
) external;

function isApprovedForAll(
    address _owner,
    address _operator
) external view returns (bool);
```

Le approvazioni sono leggermente diverse da ERC-20.
Invece di approvare importi specifici, imposti un operatore su approvato o non approvato tramite **setApprovalForAll**.

La lettura dello stato corrente può essere eseguita tramite **isApprovedForAll**.
Come puoi vedere, è un tutto o niente. Non è possibile definire quanti token approvare o anche quale classe di token.

Questo è stato progettato intenzionalmente cercando di semplificare il più possibile.
Puoi approvare tutto solo per un indirizzo.

Receive Hook

```
function onERC1155BatchReceived(
```

```
    address _operator,
    address _from,
    uint256[] calldata _ids,
    uint256[] calldata _values,
    bytes calldata _data
) external returns(bytes4);
```

Dato il supporto EIP-165, i supporti ERC-1155 ricevono hook solo per gli Smart Contract.
La funzione hook deve restituire un "magic value" predefinito come bytes4.
Esempio:

```
bytes4(keccak256("onERC1155BatchReceived(address,address,uint256[],uint256[],bytes)"
))
```

Quando il contratto ricevente restituisce questo valore, si presume che il contratto accetti il trasferimento e sappia come gestire i token ERC-1155.
Ottimo, niente più token bloccati in un contratto!

Supporto per gli NFT

Quando la fornitura è solo una, il token è essenzialmente un token non fungibile (NFT).
E come è standard per ERC-721, puoi definire un URL di metadati.
L'URL può essere letto e modificato dai client, vedere qui
[https://eips.ethereum.org/EIPS/eip-1155#metadata].

Safe Transfer Rule

Abbiamo già toccato alcune regole di trasferimento sicuro nelle spiegazioni precedenti.
Ma diamo un'occhiata alla più importante delle regole:

1. Il chiamante deve essere approvato per spendere i token per l'indirizzo _from o il chiamante deve essere uguale a _from.
2. La chiamata di trasferimento deve essere ripristinata se
   a. l'indirizzo è 0.
   b. la lunghezza di _ids non è uguale alla lunghezza di _values.
   c. uno qualsiasi dei saldi del titolare per i token in _ids è inferiore al rispettivo importo (s) in _values inviato al destinatario.
   d. si verifica qualsiasi altro errore.

TIP	*Tutte le funzioni batch, incluso l'hook, esistono anche come versioni senza batch. Questo viene fatto per l'efficienza del*

	gas, considerando che il trasferimento di un solo asset sarà probabilmente ancora il modo più comunemente usato. Li abbiamo omessi per semplicità nelle spiegazioni, comprese le regole di trasferimento sicuro. I nomi sono identici, basta rimuovere il 'Batch'.

Link Interessanti

Whitepaper Bitcoin

https://bitcoin.org/bitcoin.pdf

Ethereum EVM

Slide di presentazione grafica della piattaforma Ethereum
https://takenobu-hs.github.io/downloads/ethereum_evm_illustrated.pdf

CriptoPunks

Il primo esperimento NFT al mondo. 10.000 personaggi in pixel art scambiabili su blockchain Ethereum come fossero figurine.
https://www.larvalabs.com/cryptopunks

Autoglyphs

Gli Autoglyphs sono la prima arte generativa "on-chain" sulla blockchain di Ethereum. Sono un meccanismo completamente autonomo per la creazione e la proprietà di un'opera d'arte.
https://www.larvalabs.com/autoglyphs

CryptoKitties

E' un gioco basato su creature a cui si può dare da mangiare, collezionabili e molto tenere chiamate CryptoKitties.
https://www.cryptokitties.co/

Sorare

E' un gioco di calcio fantasy globale in cui si possono collezionare oggetti in edizione limitata e gestire squadre, gareggiando per vincere premi.
https://sorare.com/

Gods Unchained Cards

E' un gioco di carte collezionabili sulla blockchain Ethereum che usa gli NFT per dare una proprietà reale alle risorse del gioco.
https://godsunchained.com/

Unstoppable Domains

E' un'azienda di San Francisco che crea domini sulle blockchain. I domini delle blockchain sostituiscono gli indirizzi della criptovaluta con nomi facilmente leggibili, che possono essere usati per creare siti web resistenti alla censura.
https://unstoppabledomains.com/

NBA Top Shot

Colleziona e scambia NFTs con licenza ufficiale NBA e WNBA
https://www.onflow.org/

Mastodon

Non ha a che fare con gli NFT, ma è un esempio di come le applicazioni si stiano sempre più spostando verso una logica di **decentralizzazione**. Mastodon è un Social Network decentralizzato.
Mastodon si descrive come la più grande rete di microblogging libera, open-source e decentralizzata del mondo. In termini più semplici, è un Twitter autogestito dagli stessi utenti. Scritto in Ruby con API servite da Node.js.
(Trump per il suo social ha clonato Mastodon)
https://mastodon.it/

Neocities

Neocities è un social di siti web.
Ultimamente ha implementato IPFS per l'hosting distribuito e decentralizzato
[https://neocities.org/distributed-web]
I siti web vengono ospitati in modalità P2P e non su un webserver classico.
https://neocities.org/

Strumenti Utili

Risorse Ufficiali per Sviluppatore Ethereum

https://ethereum.org/it/developers/

Etherscan NFT Tracker

Elenca i principali NFT su Ethereum per volume di trasferimento.
https://etherscan.io/tokens-nft

Ethereum Name Service (ENS)

Offre un modo sicuro e decentralizzato per indirizzare risorse sia all'interno che all'esterno della blockchain utilizzando nomi semplici e leggibili.
https://ens.domains/it/

IPFS - InterPlanetary File System

Un protocollo ipermediale peer-to-peer progettato per preservare e far crescere la conoscenza dell'umanità rendendo il Web aggiornabile, resiliente e più aperto.
https://ipfs.io/

NFT Storage

nft.storage è un nuovissimo servizio, creato specificamente per l'archiviazione di dati NFT off-chain. I dati vengono archiviati in modo decentralizzato su IPFS e Filecoin e vengono referenziati utilizzando URI IPFS indirizzati al contenuto che possono essere utilizzati nel tuo Smart Contract senza temere che i dati a cui si fa riferimento cambino.
https://nft.storage/

FileCoin

Archivio decentralizzato progettato per rendere persistenti le informazioni più importanti.
https://filecoin.io/

Pinata Cloud

Archiviazione NFT semplificata
https://www.pinata.cloud/

Flow

Flow è una nuova blockchain creata per la prossima generazione di app, giochi e le risorse digitali.
https://www.onflow.org/

SOLANA

Solana è una piattaforma blockchain pubblica. È open-source e decentralizzata, e raggiunge il consenso utilizzando un algoritmo di tipo proof-of-stake insieme a un inedito algoritmo denominato proof-of-history. La sua criptovaluta interna ha il simbolo SOL.
https://solana.com/

Magic

Stai tranquillo con l'autenticazione senza password sicura ed estensibile, progettata per scalare. Il tutto con poche righe di codice.
https://magic.link/

IDE e strumenti di sviluppo

Fleet

IDE di sviluppo gratuito basato sull'esperienza Jetbrains. **Personalmente lo consiglio**.
https://www.jetbrains.com/fleet/

EthFiddle

IDE online per lavorare con Solidity
https://ethfiddle.com/

RemixIDE

Remix IDE consente di sviluppare, distribuire e amministrare Smart Contract per Ethereum. Può essere utilizzato anche come piattaforma di apprendimento.
https://remix-project.org/

BuidlGuidl

Commmunity di sviluppatori Ethereum che lavorano con scaffold-eth
https://buidlguidl.com/

Framework di Sviluppo Ethereum

Truffle

Truffle è il framework di sviluppo più popolare per Ethereum con la missione di semplificarti la vita.
https://www.trufflesuite.com/truffle

HardHat

Ambiente di sviluppo Ethereum per professionisti
https://hardhat.org/

Scaffold-eth

Framework javascript completo per lo sviluppo da usare per lo sviluppo ethereum come boilerplate.
https://github.com/scaffold-eth/scaffold-eth

OpenZeppelin

Integra gli aggiornamenti nel tuo flusso di lavoro esistente. Plugin per Hardhat e Truffle per distribuire e gestire contratti aggiornabili su Ethereum.
https://docs.openzeppelin.com/upgrades-plugins/1.x/

Alchemy

Alchemy Build è una suite di strumenti di sviluppo per prototipare, eseguire il debug e deployare i prodotti più velocemente.
https://www.alchemy.com/build

OpenSea SDK

Un marketplace bello e pronto a basso tasso di codice.
Fanno tutto loro, tu devi "solo" concentrarti sul front-end. Ovviamente la comodità ha un costo.
https://github.com/ProjectOpenSea/opensea-js/

Brownie

Brownie è un framework di sviluppo e test basato su Python per Smart Contracts destinati alla macchina virtuale Ethereum.
https://github.com/eth-brownie/brownie

Embark

Embark è una piattaforma che consente un facile sviluppo e implementazione di applicazioni decentralizzate.
https://framework.embarklabs.io/

Waffle

E' un framework che si concentra sul testing di Smart Contract.
https://getwaffle.io/

Test Tool e sviluppo locale

EthNode

ethnode è uno strumento a configurazione zero per eseguire un nodo Ethereum locale.
Supporta sia Openethereum che Geth
https://github.com/vrde/ethnode

LocalEthereum Network

https://github.com/ConsenSysMesh/local_ethereum_network

Ganache

Avvia rapidamente una blockchain Ethereum personale che puoi utilizzare per eseguire test, eseguire comandi e ispezionare lo stato mentre controlli come funziona la catena.
http://trufflesuite.com/ganache/

Framework Go

Polygon

Un framework modulare ed estensibile per costruire reti blockchain compatibili con **Ethereum**, scritto in Golang.
https://polygon.technology/polygon-sdk/

Stellar

Stellar è una blockchain che consente di creare, inviare e scambiare rappresentazioni digitali di tutte le forme di denaro: dollari, pesos, bitcoin, praticamente qualsiasi cosa. È progettato in modo che tutti i sistemi finanziari del mondo possano lavorare insieme su un'unica rete. Nasce come fork di Ripple.
https://github.com/stellar/go

Guide OnLine di Approfondimento

Guida Content Addressing

https://docs.ipfs.io/concepts/content-addressing

Guida Interattiva sul Content Addressing

https://proto.school/content-addressing

Stellar Smart Contracts

Questo articolo spiegherà come creare Smart Contracts su Stellar che è una delle migliori piattaforme blockchain per eseguire funzioni finanziarie in modo decentralizzato.
https://www.leewayhertz.com/create-stellar-smart-contracts/

Piattaforme NFT

OpenSea

È il primo nome nel mercato delle criptovalute NFT tra le migliori società di token non fungibili. Gli utenti possono trovare vari token non fungibili come carte collezionabili, opere d'arte, sport e altro ancora. Ci sono un sacco di risorse rare e originali qui: da Decentraland ai nomi ENS. I collezionabili e i giochi di carte collezionabili sono tra i leader. Sono disponibili più di settecento progetti.
https://opensea.io/

AtomicHub

Atomic Hub è un grande mercato NFT di arte digitale basato sulla blockchain di Wax.
Gli utenti scambiano oggetti con la moneta nativa Wax.
Gli utenti registrati possono scambiare merci con un valore molto basso, anche solo di 25 cent.
È una piattaforma molto semplice con cui creare le proprie raccolte NFT.
https://wax.atomichub.io/

NBA Top Shot

Colleziona e scambia NFTs con licenza ufficiale NBA e WNBA
https://www.onflow.org/

SuperRare

Acquista e vendi NFT dai migliori artisti del mondo,
Solo artisti affermati e conosciuti possono mettere in vendita i loro NFT.
E' un marketplace che seleziona attentamente i propri venditori.
https://superrare.com/

Rarible

E' un marketplace ed una community che utilizza il token RARI per gli scambi.
https://rarible.com/

Riconoscimenti

Per questo corso abbiamo prelevato informazioni e contenuti dal sito ufficiale di Ethereum (https://ethereum.org/en/), da Github (https://github.com/), da NFT School (https://nftschool.dev/) , e da molti altri portali e siti che trovate elencati in Appendice.

L'autore

Gian Angelo Geminiani, programmatore per vocazione ed oggi attivo su progetti di wearable, robotica, Natural Language Processing (Intelligenza Artificiale applicata alla comprensione del linguaggio naturale) e blockchain.

Collabora con Confindustria Romagna è uno degli Innovation Manager accreditati al MISE (Ministero dello Sviluppo Economico).

Si occupa di blockchain in ambito fintech per un gruppo di banche e segue con passione e curiosità il fenomeno tecnologico dal 2014. E' convinto che gli NFT di domani saranno molto differenti e sta lavorando per contribuire al cambiamento.

E' il CTO (Chief Technology Officer) di Accyourate Group dove segue la realizzazione di una T-Shirt sensorizzata certificata Medical Device per la rilevazione di parametri bio-vitali ed il monitoraggio in continuo dello stato di salute psicofisico di manager, militari e forze dell'ordine, pazienti lungodegenti e anziani.

Durante il lockdown ha fondato **G&G Technologies S.r.l.**, una società che progetta e produce una piattaforma software (digi-sense) che vuole dare un "cuore" alle macchine, cuore che presto animerà una nuova collezione di gioielli studiati per proteggere le donne dalle aggressioni ed un piccolo robot empatico da compagnia per persone sole, fragili ed anziani.

Nel 2016 è stato tra i fondatori di BotFarmy, una startup che ha prodotto un motore semantico multilingua per la comprensione del linguaggio naturale che è stato applicato in chatbot, interfacce vocali uomo-macchina e nell'elaborazione di richieste per la produzione di codice di programmazione (Low Code Semantic Engine)

Nel 2015 ha fondato Botika, startup che si occupa di intelligenza artificiale ed ha sviluppato una piattaforma per il teleconsulto ed un ambiente virtuale per ospitare eventi e creare community aziendali in cui accogliere lead, clienti e dipendenti.

E' stato Innovation Manager e CTO per diversi gruppi internazionali occupandosi di tecnologia ed innovazione dei processi mediante automazione e digitalizzazione.
Ha lavorato su grandi piattaforme ERP, sistemi industriali di produzione, macchine automatiche e soluzioni di automazione dei processi industriali e produttivi.

Appassionato di Open Source, gestisce alcuni repository che cura personalmente:
- https://bitbucket.org/angelogeminiani/
- https://bitbucket.org/digi-sense/ (work in progress)
- https://github.com/angelogeminiani?tab=repositories

Su LinkedIn [https://www.linkedin.com/in/angelogeminiani/] trovate il profilo professionale ed alcune delle esperienze che negli anni lo hanno arricchito e formato.

105

www.ingramcontent.com/pod-product-compliance
Lightning Source LLC
Chambersburg PA
CBHW060200060326
40690CB00018B/4188